陳淞山的兩岸觀察2012～2016之❷

陳淞山——著

面對選後兩岸關係的急速降溫，
有待重新搭建有效溝通的政治橋梁。

民進黨兩岸政策的時代挑戰

解？套？

共同推薦

在不和諧音符中找出兩岸協奏樂章

淞山是一枝健筆，也是一枝快筆，出一本像這種篇幅的書應該是很容易的，可是，本書所收輯的文章，時間前後相差了四年以上，可見成書並不容易。

這當然是因為談兩岸難！

如果只站在一方的立場談兩岸，當然也不難。難就難在完全瞭解兩岸問題的隱微死角，卻又苦心孤詣，苦口婆心，想要尋找一個讓雙方可以相對滿意的答案。這正是淞山奔走兩岸的初衷和始終不變的堅持。

淞山原本曾經是民進黨員，在黨內的交往既深且廣。在對岸，他也真心交朋友，從專家學者到對台樞要。他完全瞭解民共之間存在不易跨越的歷史鴻溝，但是，他也深深相信這歷史鴻溝並非不能跨越。本身也是兩岸問題專家的淞山，清楚知道兩岸可以共同追求的未來利益，遠遠大過由於歷史分歧而擔心的相互傷害。

讀淞山的兩岸文章，很自然會想到古代的諫官。諫官多數沒有好下場，這是因為從古以來，能聽諫納諫的好領導人很少。像魏徵之於唐太宗，大概是千古僅見的奇遇。

作為當代的兩岸諫官，淞山的個人際遇應該不會比古代的諫官幸運。古代的諫官只要說服一個人，淞山要說服的卻是互相懷著成見的千千萬萬人。最後的結果很可能就是兩面難做人。

但願不是如此！則淞山個人幸甚，兩岸人民幸甚！

民進黨前主席、亞太和平基金會董事長

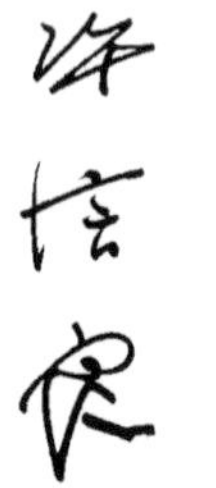

＋

受好友淞山之囑為之序，忖思後欣然接受，在兩岸困局中，淞山仍能秉持其長期觀察洞悉兩岸之專業敏銳能力，持續發表鞭辟入裡之力作，提出各種層面之思考角度，對化解兩岸僵局，有其問題取向分析方式之相當卓然貢獻。

本書時間點跨越民進黨全面執政前後，就蔡英文的兩岸拼圖其邏輯思維和實際困境作了深入剖析，乃為一本可讀性高、實事求是的好書，尤其文中提及兩岸並非零和賽局，贏得政權之民進黨，對兩岸關係的主導權更應認清自我之能力與實力，在國際外交與大陸政策間找出可行之方。凡此種種論述實可激盪你我共同來面對並思考。

監察委員 仉桂美

同理心與換位思考是民、共關係正常化的根本問題，也是兩岸關係發展最難解，甚至必然要解的政治習題。淞山長期以來的兩岸論述評論文章，就是站在這個兩岸雙贏的政治立場與角度為出發點，試圖來拉近雙方的政治距離與價值觀，為兩岸關係的政治僵局找到解套的出路，這是蔡英文與民進黨，也是北京當局，都該克服障礙、排除萬難並用心跨越的政治鴻溝！

美麗島電子報董事長 吳子嘉

語言與現實之間，存在著落差，也可能是質變。像政治人物談兩岸關係，聽來大多悅耳明亮，只是往往略去他們才清楚的殘酷的現實。因此，真誠的兩岸論述，就像在良心的暗礁與政治的淺灘中穿梭，要觀風向，還得聽濤聲，必要時，排除眾議說些不合時宜的話，才算善盡知識份子的言責。《弦外有音》與《解套》就是這樣不可多得的好書，值得靜下心來閱讀。

慈濟大學兼任助理教授
李明軒

＋

我在立法院相交近三十年的老兄弟陳淞山，資歷、閱歷豐厚，算得上是民進黨中「厝內」等級的政治工作者。他長期關注兩岸關係的和平與發展，在黨內素來敢言別人所不敢言，我常以他為師。如今，他將長期的觀察、評論，付梓成冊，對兩岸是將有振聾發聵之效。我極力推薦兩岸，特別是藍營的朋友不要錯過；陳淞山的「苦口婆心」，肯定讓您入寶山不會空手而歸。

台北市議員
李慶元

從美中台大三角到紅藍綠小三角，兩岸問題深受國際情勢、亞太安全、兩岸攻防到內部角力，各種交錯因素與力量的影響和制約，這樣的態勢在蔡英文總統就任後更顯複雜多變。值此時刻，《弦外有音》與《解套》的出版，饒具意義。

本書就二〇一二至二〇一六年兩岸關係發展的政治事件與變化，詳實記述評論，當中多有洞見，個人雖未必全然贊同，然於思辨處卻深受刺激啟發，最終竟是弦外有音，一聽、二聽、三聽，聽出不同的天涯與境界。故此推薦，誠盼於兩岸關係各色嘈嘈切切喧囂中，本書的面世能帶來一絲清音。

政治評論員，綠色和平電台主持人

（簽名）

兩岸關係是台灣未來發展的命脈所繫，然卻是奉行台獨黨綱民進黨的罩門，因未能正面認同九二共識，已使兩岸關係陷入冰凍期，未來美中台之間的三角關係如何拿捏定位，兩岸之間如何和而不破維持現狀，都是愛台灣不能迴避的首要課題。

淞山兄向來熱愛寶島，長期關心並鑽研諸多政治議題未曾稍間，舉凡選舉，國會，政黨，兩岸關係等識多見廣，觀察與立論屢見廣度與深度，尤其超越黨派的灼見，對執政當局常有醍醐灌頂之效，此書的出版冀望彌平兩岸鴻溝，不啻是愛台灣的苦口婆心呼籲。

中華久久長長聯合促進會理事長

何鴻榮

十

兩岸關係發展牽動著台灣政局變動的走向，是一場得民心者得天下的博弈賽局。作者試圖從這四年多來發生的兩岸重大事件，以其敏銳的政治觀察角度，與第一線的兩岸往來互動經驗，為蔡英文總統與民進黨的勝選，勾勒出從點到線、從線到面的兩岸交鋒政治路徑與圖像。為未來兩岸關係發展找出可能化解僵局的解套方法，值得大家細細品嘗與回味，是一本不可多得的兩岸政治學亮點著作！

民進黨立法院黨團總召集人

柯建銘

寧靜中有熱情；平和中有驚喜。

看淞山的文章，是多重享受，像聆聽交響樂。題目是指揮，內文不同層次的訴說、論理及分析，就像樂團裡角色稱職的各種樂器。前一刻，體會到了民進黨歷史背景的理所當然；剎那間，又跳離了一黨思維的大局高度。

有如大、小提琴與鋼琴、大鼓和諧共鳴般，幫助政治成長環境完全相異的我，走進一座探索兩岸關係的桃花源。

他的觀點，超越意識型態，又能體現情感上現實的認同。除非功力夠深，論理夠有基礎，以及是非黑白、世俗利益早已超脫，很難建構他說服力強烈的文字系統。

他是益友。民進黨、國民黨和共產黨的益友。

推薦他的作品，只有一個理由：必須！

資深媒體人

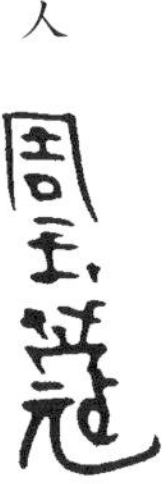

淞山兄是我多年的好友，一向勤於筆耕，在兩岸議題上一直有其獨到的見解。但總的來講，是站在歷史的高度，善意解讀兩岸政治的對話與互動，勸和兩岸方方面面的人物，將心比心，換位思考，消極地避免「敵意螺旋」的上升，積極地為兩岸的和平發展開拓願景。

此番集結近一兩年所公開發表的評論成書，名為《弦外有音》與《解套》，可見其用心及一貫的初衷。二〇一六年臺灣三度政黨輪替，蔡英文所領導的民進黨不僅贏得總統選舉，也首次在國會過半，達到完全執政。從二〇〇八年蔡英文主掌民進黨，重整該黨的兩岸路線，其核心內涵就是穩健與善意，讓民進黨在臺灣、在兩岸、在國際社會展現一種積極負責的高度，海峽兩岸雖各彈各的調，但盡可能雙方音律和諧。淞山兄聽出了蔡英文的兩岸協奏曲，想告訴讀者「弦外有音」，即蔡總統對兩岸和平的許諾與承擔。

台灣大學國家發展研究所教授
陳明通

看到淞山出版了《弦外有音》與《解套》，為淞山感到十分高興。認識淞山近三十年，他從助理時代到保訓委員，到如今，身上總是有一股特色，就是專注樸實，做什麼事情就腳踏實地，做助理也是，做官員也是，迄今研究兩岸問題也是。

他做兩岸問題研究，不唱高調，不自我設限和封閉，他從他交流的各方所得，確確實實地研究兩岸長遠之路及民共之間解決問題之路，他不因怕得罪誰而不敢言，不因要得官位而為言，他只為民進黨的兩岸之路言，為兩岸之路花香鳥語而言。

淞山對兩岸充滿了誠懇、務實、經驗的心血，集結文章成書，值得一看，懂民進黨又懂中共的人才並不多見，淞山是其中之一，文章及建言字字珠璣，誠意滿滿。

資深媒體人、電視評論員

陳敏鳳

＋

淞山是出身民進黨的知名兩岸專家，對兩岸敏感環節的評論分析，更常有內幕消息與獨到見解。如今他針對蔡英文執政前後的兩岸觀察結集出版，更值得兩岸重視。淞山長期的自我定位，就是如何克服民共的定位落差，爭取求同存異的和解空間，這本書同時提供了最權威的一手報導，以及最具洞察力的分析。

立法委員

[signature]

學者與媒體常以「冷和」或「僵持」，用以形容民進黨執政以來兩岸關係的內涵。對於這個現象，多數人解讀為彼此在「九二共識」的立場與認識上，存在明顯的差異與衝突所致。然而，國際政治的結構、兩岸政經體制的差異以及領導人的決策思維才是重要的背景。

作為資深的政治參與者與媒體評論者，淞山兄對於兩岸關係、台灣的政治發展以及民進黨的中國政策等議題都有專業且細膩的觀察。本書針對現階段兩岸的政治癥結提出的客觀地分析，也為雙方未來發展提出中肯的建議，值得深入閱讀。

專欄作家，前民進黨中國事務部副主任

張宇韶

兩岸關係直接、間接地影響著每一位台灣人民，它有如歷史般厚重，卻是難以迴避的現實課題。作者長期潛心觀察兩岸關係發展，著作評論，既堅持台灣主體立場又能秉持換位思考，對兩岸政情發展變化常有精確獨到之見解；批判背後更蘊藏著深切期許，始終不失知識份子人文關懷與溫厚，期待兩岸終究能夠找出一條遠離戰爭衝突對抗，邁向永久和平發展之道。本書既是政治評論集，也是當代歷史紀錄，值得所有關心兩岸關係者細品。

專欄作家，前民進黨中國事務部副主任 張百達

十

淞山是我最常請教的兩岸專家。

一九九三年辜汪會談四大協議，立法院應審查？備查？那時立院助理和國會記者有一讀書會，包括淞山和我共七位兄弟，立院最後三讀的就是我們的版本。

廿七年來，淞山早是各界肯定的兩岸專家，特別是他對民進黨各派系、各領導人的兩岸思維瞭若指掌，且常赴大陸實地查訪，精準掌握對岸的政策和變化。

除了看他的專欄，每隔一段時間，我都要請教他民進黨和對岸的內幕，這本書披露很多重點，更理性建議兩岸如何化冰共譜協奏曲，值得深讀。

年代電視台主持人
張啟楷

十

與陳淞山因文字結緣，迄今二十餘載。

他是台灣極少數願意專注於兩岸關係，台港關係研究的政論家，二十餘年筆耕不輟，常有真知灼見，一家之言，殊為難得。

此書出版的意義在於，於兩岸關係發展處於關鍵節點之際，為廣大讀者提供了觀察，解讀蔡英文主政前後，兩岸關係政策發展走向的獨特視角，觀點平實，不偏不倚，力求獨到。

值得推薦一讀。

時事評論員，香港資深媒體人
楊錦麟

作者序

民進黨解套兩岸關係的罩門策略

兩岸關係發展的政治糾葛與歷史鴻溝，是相當難解的政治習題。兩個不同政治體制與文化時有交叉、偶有衝撞的相互激盪，創造出今天這樣一個既密不可分，又若即若離的特殊政治關係與現象。隨著中國大陸的政經崛起，台灣的政黨輪替政治變動，以及中、美關係的政治沉浮、消長演變與戰略平衡的布局變化，兩岸問題不再只是單純雙方主政者的政治動向，及各自民心的自由選擇與決定；統獨也不再是現階段迫切需要面對攤牌的兩岸難題。兩岸關係的國際因素或兩岸問題的國際化，逐漸變成終究難以迴避的政治顯學；正牽動著兩岸主政當局的決策思維，也變動與挑動著雙方民心變化的敏感政治神經。

正因爲如此，從二〇一二到二〇一六的兩次總統大選，蔡英文與民進黨經歷了兩次截然不同、冷暖自知的國際環境變化與兩岸政治攻防角力：輸贏勝敗的關鍵因素或許也有來自台灣內部的政經社會因素；但是，國際現實客觀環境的政治制約作用力量，以及蔡英文黨主席與其所領導的民進黨在二〇一六大選過程當中，在此問題上沒有犯錯、沒有失分，的確是奠定民進黨獲得勝選、全面執政的政治基石。這是四年來包括蔡英文在內的民進黨政治領袖與菁英，以及太陽花學運反黑箱服貿，與柯文哲效應旋風等等因素，所共同創造出來的政治結果。

本書的重點就是詳實記載、評論這四年來兩岸關係發展的政治事件與變化，包括：蔡英文與民進黨如何審時度勢，把每一場與兩岸問題相關連的事件，當作爭取台灣人民信任執政的機會與本錢；並善用謝長廷、林全登陸的戰略突破。陳菊、賴清德及其他民進黨縣市長與立委隨後陸續登陸的蝴蝶效應配合；再加上民進黨適時調整對中政策方向，往積極交流務實路線的發展，共同扭轉了外界對民進黨以往「逢中必反」的舊有政治印象，並且證明民進黨有能力處理兩岸事務。最後，蔡英文主席訪美行的華麗轉身，以維持現狀及在中華民國的憲政體制下推動兩岸關係發展的說法與論述主張，取信美國與國際社會並獲得支持認同，在選戰過程中又提出「不挑釁、沒有意外、好好溝通」，展現對中善意態度的誠意，因而得到台灣大多數人民的認同與支持，贏得總統與立委大選。

選後的兩岸關係發展，由於民、共政治互信基礎相當地薄弱，雙方又沒有眞正的有效溝通管道，蔡英文總統的五二〇就職演說內容儘管已有善意的調整，但不盡切合大陸對兩岸同屬一中核心意涵的政治堅持，因而被大陸以「未完成的答卷」加以回應。自此，情況開始急轉直下，兩岸的官方與半官方聯繫對話溝通機制暫時停擺；其後又陸續發生雄三飛彈的烏龍試射、大陸客火燒車意外事件及所衍生總統輓聯風波，再因南海仲裁案的餘波盪漾……，局面更加複雜難解。尤其，相關國際因素蠢蠢欲動，兩岸政治對撞的因子與主客觀的國際情勢演變，正嚴酷考慮著蔡英文政府的執政態度與高度，稍一不慎處理就會產生政治極端化的可能發展結果。這是蔡英文相當重要的政治信任危機挑戰，也是兩岸關係發展會不會有「地動山搖」政治變化與衝擊的關鍵時刻！

蔡英文如何與大陸和弦協奏以突破兩岸困境重圍？如何在民進黨的台獨黨綱政治束縛，與大陸堅持一中原則的政治壓力下，取得安內攘外、穩中求進的政治平衡點？兩岸關係發展會是和平發展或加大裂痕？將是國際矚目的政治棋局！

陳淞山

目錄

第二章 謝長廷的登陸戰略突破

第三章 從陳菊、林佳龍、賴清德登陸談起

第四章 民、共交鋒的微妙變化

第五章 太陽花與柯文哲的兩岸效應

第六章 民進黨台獨黨綱解與套

第七章 民進黨信任執政的兩岸新變局

第八章 蔡英文主政前後的的兩岸新形勢

第一章

蘇貞昌布局圍謝堵蔡

蘇貞昌黨主席的兩岸路線與布局，
真正重點在於圍謝堵蔡，並非處理民進黨的中國政策轉型。
因此，「蘇謝合作」的政治破局，成就了穩中求進的蔡英文脫困而出。
從此，「蘇下蔡上」，就注定蘇貞昌再度與參選總統擦身而過。

1 二〇一二敗在對中路線各自為政的權力遊戲傾軋！

不盡如人意的二〇一二民進黨敗選檢討報告出爐後，黨內砲擊隆隆，有人認爲應退回重寫，有人說是得了失憶症，更有人直批根本沒有切中兩岸關係與中國因素的敗選政治罩門，黨內爭議莫衷一是；似乎民進黨還找不出眞正敗選的關鍵因素，大家還在蓋著棉被純聊天，一點也不像要找出敗選的政治根源一樣，大概大家都是在寄望蔡英文能夠再戰二〇一六。

事實上，民進黨敗選的眞正原因，是不肯面對藍綠基本盤五十五對四十五的結構性問題，而最關鍵的中間選民與經濟選票則是輸在兩岸關係的處理能力與信賴問題。此次大選民進黨選票雖比上次大選成長四％，但還是無法拿到這近十％的中間選票，當然就導致了敗選結果。蔡英文還是「敗在北部」而難跳脫基本盤的政治宿命與結構，功虧一簣無法打敗無能主政的馬英九。

因此，蔡英文若要東山再起再戰二〇一六，勢必要在這幾年內解決民進黨的中國政策轉型問題，而且必須全力統合縣市長與立委，對中國大陸的政治關係與各種政治言論及行動。這是民進黨黨主席人選與職能首先必須考慮的重點；若民進黨還拘泥於四十五%選票的基本盤政治侷限，而忽略了可以拓展中間選票的政治版圖，選一個只能固守基本盤的黨主席，民進黨還是無法正確處理兩岸關係與中國因素，要蔡英文再披掛上陣再戰一次，也是未戰先敗的永遠在野結局。

以此盱衡民進黨內目前在兩岸問題處理上有較前瞻思維的黨主席可能人選，蘇貞昌是腦袋空空，對兩岸關係沒有定見；謝長廷有宏觀視野與格局，但卻因二〇〇八年敗選退出政壇的政治承諾束縛而難拔劍再起；高雄市長陳菊則因身體健康因素與市政、黨政難以兼顧而徒嘆奈何；台南市長賴清德雖有旺盛企圖心，但能力、資望與心胸格局未臻成熟而難孚眾望。最後可能剩下的人選則是前副總統呂秀蓮、前行政院長游錫堃、前黨主席許信良與前海基會董事長洪奇昌等人，而這四位民進黨的政治領袖能夠面對且解決兩岸問題的人選又以許信良與洪奇昌最爲適合，可是他們兩人也恰巧又是黨內被批鬥最爲嚴苛的「西進派」戰將，在民進黨內處於較邊緣化的尷尬角色，要能通過黨主席直選的難關其實機會並不大。這就是民進黨的內患與隱憂，有能力處理兩岸關係者在黨內沒有政治實力問鼎黨主席，而沒有能力解決中國政策轉型者則是黨內較有政治實力通過直選考驗的人選，因此要期待民進黨能透過黨主席選舉找出能夠帶領民進黨走出兩岸政治困境的人，至少目前還難以找出最適合的人選。

總之，要解決民進黨中國政策轉型的最佳人選，其實還是落在即將卸任黨主席職位的蔡英文身上，目前只有她可以藉由敗選的檢討報告，定位民進黨是敗在中國政策的定位與路線統合問題上，找出可以解決此問題的最適合黨主席人選，此應該是考驗蔡英文領導能力與政治能力的最關鍵因素所在，只要她願意承擔責任，正視民進黨的重返執政危機，打開兩岸民共對話的政治枷鎖，則未來最適任的黨主席人選便會自然浮現。可惜的是，從民進黨敗選的檢討報告內容分析，我們似乎還是看不到蔡英文有如此的政治魄力，當然，民進黨中國政策的可能轉型仍然舉步維艱，充其量也只是黨主席選舉競爭者藉機鬥垮對手的政爭工具而已！令人徒嘆奈何！

二〇一二・二・二十

2 蘇貞昌圍堵蔡英文的新變局

蘇貞昌黨主席的黨中央人事布局大致抵定，雖標榜著跨派系合作的團結氣象，延攬謝系、游系與辜系部份人馬，但主要核心成員如秘書長林錫耀、副秘書長林育生、組織部主任李文忠、文宣部主任廖志堅、網路部主任鄭運鵬與政策會首席副執行長黃致達，以及兩位黨的發言人王閔生及林俊憲等人，全都是蘇系與新潮流系的政治要角，在在顯示未來兩年的民進黨中央就是蘇系大軍壓境、新潮流系政治操盤，其他派系淪爲花瓶布景的政治拼盤。

當然，蘇貞昌爲了避免留人口實並塑造團結氛圍，也相當程度展開開明包容的政治格局，上任隔天便到台北監獄探視陳水扁前總統，也向其素有怨隙的謝長廷頻頻示好，釋放出有意請其出馬擔任未來將成立的「中國事務委員會」主委角色，讓外界對蘇謝合作的嶄新氣象耳目一新，蘇貞昌超越自己的格局與形象更令人刮目相看。

黨中央人事中還有較爲特別的巧妙安排，納入前陸委會主委吳釗燮擔任政策會執行長、新台灣智庫研究員劉世忠接任國際事務部主任以及前立委陳瑩負責婦女部，他們有的是總統大選期間與蔡英文候選人政策步調格格不入的專家，有的是因爲不分區立委提名被排除在當時的安全名單之外而對蔡英文有所不滿的黨內菁英，此時延攬進入黨中央任職，擺明就是確立圍堵蔡英文的人事布局。同時，也用吳釗燮較爲保守的大陸政策思維來平衡、牽制中國事務委員會可能的主委人選謝長廷。蘇貞昌如此「一石兩鳥」的深謀遠慮，更讓人由衷佩服，以「團結之名」把兩位政敵困爲籠中島，插翅也難逃矣！

所以，政治內行人都懂得蘇貞昌的人事戰略布局到底在玩什麼樣的把戲，是牽制謝長廷、圍堵蔡英文的兩手策略。表面是走開放性兩岸政策，實質是藉由中國事務委員會的框架與組織，納入黨內大老與意見領袖的兩極化大陸政策立場，讓它變成一個「一事難成」的政治擺設機制，而蘇再藉由「中國事務部」與政策會的「實權機制」來貫徹其政治意志，向左或向右走都完全由其操控！

政治智多星的謝長廷當然也看出了蘇貞昌這招黨中央人事布局的政治門道，但他也知道他不能拒絕蘇的「德政」，否則他就變成破壞黨內團結的元凶！因此，他表示，不限於中國事務，蘇主席有需要幫忙的地方，他不會計較名分或工作內容，都願意幫忙，但更重要的是，「如果黨內對兩岸政策的意見太多，就算成立中國事務委員會也會內耗，民進黨內部或許可以有個辯論」。意有所指的謝長廷深知沒有經過中國政策大辯論的黨內程序與過程，所謂的「中國關係委員會」或「中國事務委員會」就只是黨內大老發發牢騷的「空殼子」，既無法因此打通與中國大陸的對話與交流機會，更無法藉此政治機制帶動民進黨中國政策的轉型，贏取台灣民眾對民進黨處理兩岸事務的信賴與信心。

表面上大和解的蘇謝合作，其實就是蘇主席拉攏次要敵人謝長廷以圍堵其主要敵人蔡英文的政治謀略，這果真驗證了前主席許信良在黨主席參選聲明與辯論過程所提出的論點：「蔡英文所代表的六百零九萬張選票政治價值不該在民進黨的權鬥遊戲中被淹沒」，蘇主席上台不到一個禮拜，就藉由黨中央的人事布局把蔡英文的「政治價值」掃地出門，同時也意味著未來即將成立但必被架空而無真正實權的「中國關係委員會」，在大權一把抓的蘇主席時代，將難發揮帶動民進黨中國政策轉型的政治功能與契機，謝長廷在黨內的政治角色與價值可能更將因此迅速消退！

這就是民進黨的危機與政治警訊，蔡英文在黨主席與總統競選期間所創造的民進黨轉型價值與「最後一哩路」的希望曙光即將破滅，謝長廷所主張的「民進黨應該與中國大陸交流，否則將永遠當在野黨」論點，雖屬於民進黨內的共識與顯學，但卻有一股龐大的反制力量在使勁地拉扯，讓謝長廷「有志難伸」。

其實，即將重新出發的蔡英文，應該清楚認知她現在的政治處境與價值，也更應該瞭解蘇貞昌掌權的民進黨，在兩岸政策的定位與發展很可能會因而回到基本教義派的立場，這對民進黨的再度執政幾乎等於宣告死刑。此時的蔡英文不該再默默無聲、坐視不管，應該帶領跨黨派的政治與社會菁英，結合黨內謝長廷與許信良的力量，與社會各界意見領袖共組一個「兩岸新對話聯盟」，帶動台灣社會對兩岸未來發展有一個別於執政國民黨與在野民進黨的不同聲音，逐漸形成具有「對話基礎」的「台灣共識」，則或許才能「化異存同」正確處理未來台灣與大陸的政、經、社會、文化互動關係。

總之，民進黨的蛻變與重生，不能繼續在「蘇蔡對決」的政治漩渦中打轉，也根本不可能在蘇貞昌立場不變、態度友善、方法靈活的兩岸政策定位與策略上可以找到正確的出路。蔡英文不會因爲蘇貞昌或黨內基本教義派的牽絆就難以突破重圍，相反地，多元民主的台灣主流社會，絕對能夠提供蔡英文路線再展風華的政治契機。

蔡英文的「關鍵下一步」，就是「由外而內」改造民進黨，帶動民進黨大陸政策往中間靠攏的轉型，這是蔡英文無法迴避的歷史任務與政治價值，也是台灣這個民主社會必能展現的「中道力量」。我們相信，蔡英文路線會喚醒民進黨內改革的政治號角動力，掃除黨內傳統思維的政治障礙與包袱，這才是蛻變重生的民進黨必然會迎接的新時代，中國大陸當局應該務實面對並正視民進黨這股未來新生的政治力量，理性且務實處理與民進黨的政治互動關係，展開兩岸政治對話的嶄新格局，則未來兩岸和平發展的新局才能超越歷史、超越統獨、超越藍綠！

二〇一二・六・七

3 「鎖黨自決」的民進黨如何轉型？

最近，民進黨主席蘇貞昌頻頻出招，在反美牛的國會抗爭議題取得短暫的勝利後，表示「在沒有預設任何前提下，他願意用黨主席的身分前往中國訪問；中國總理溫家寶卸任後若是想訪台，他也願意陪溫家寶看看台灣」，而在香港主權移交中國十五週年、大陸國家主席胡錦濤訪問香港之際，蘇主席更透過臉書、投書媒體發表感想，認爲香港和中國的連結越來越深，「港人治港成了空話」，香港與中國從經濟依賴到社會衝突，一直到政治上的自我限縮、退守，都值得國人警惕，當政者警醒。

蘇貞昌甚至進一步調侃表示，今年中國國家主席胡錦濤專程安排訪港，竟成爲重點的治安大事，肅殺氣氛多於喜慶，民主、自由、人權的普世價值在一國兩制下又落實多少？是必要關心香港的面向。

顯然，蘇貞昌「借港諷中」的政治動作正隱約透露出他的中國政策路線思維，是往黨內的基本教義派路線靠攏，是「對抗取代對話」的反中路線正在逐步醞釀，「願意陪溫家寶看看台灣」的美麗說詞擺明了就是「吃老共豆腐」的揶揄隱喻，絲毫沒有看到「態度友善」、「方法靈活」的對中策略轉向的調整作為。

蘇貞昌目前的主政思維戰略方向，就是「內政重於外交、兩岸」「政治對抗重於政治和解、對話」以及「民生經濟重於一切」的基本立場，縱使如前立委郭正亮的「民進黨正輸掉親美保台戰場」文章所言，「民進黨自以為贏了反美牛戰役，卻輸掉了台美關係的整體戰爭；自以為馬走不出親中的兩岸原罪，卻看不見馬轉向親美制中的連任布局。」蘇貞昌領導的民進黨其實正走向一個更加「自我封閉」、「自我感覺良好」、「見樹不見林」的「鎖黨自決」決策危機，將讓民進黨在馬政府刻意降溫兩岸關係與「親美制中」的美、中、台新三角關係政略布局下，喪失了「遠交近攻」的「挺美和中」戰略角色與價值，民進黨當然更走向了政治邊緣化的困局而不自知、不自覺。

民進黨「二〇一二大選檢討報告」明顯指出，中國因素對二〇一二總統選舉的影響明顯有「經濟議題化」的趨勢，兩岸關係與經濟發展的關係性是敗選的三大原因之一。該報告強調，在未來的選戰中，中國因素的作用勢必持續、增強。因此，該報告建議「民進黨應該不斷強調務實與溫和的路線，具體展開與中國的雙向交流，擺脫反中鎖國的刻板印象」。蔡英文前主席也在當時發表聲明表示，「民進黨應該面對一個殘酷的事實，要如何面對中國與加強處理中國的能力，必須獲得社會的信賴。民進黨應該制定行爲準則與互動結構，讓民進黨黨員透過互動瞭解中國，從互動中找出兩岸關係的新解決方法。」然而，事過境遷不過幾個月，民進黨顯然不願意誠心面對「中國因素」對民進黨執政能力與信心的考驗，荒謬地自以為用「態度不友善」的「中國事務部與中國事務委員會」名稱便想打開民共對話交流的大門，卻不自知這是比目前民共對話交流僵局還更大倒退的「政治死路」！就連謝長廷誠心呼籲應該進行黨內中國政策大辯論的轉型可能性也「胎死腹中」，在黨內喚不醒共鳴，就連七月十五日即將舉行的全代會討論題綱中也隻字不提，上不了檯面討論。

如今，蘇貞昌又以黨主席之尊，在香港回歸十五週年的慶典、胡錦濤主席親訪香港之際，用極盡諷刺的「港人治港成了空話」言論挑釁對岸的政治敏感神經，如此的種種「不友善」積極政治作爲，又如何能讓人相信民進黨眞的願意用「態度友善」、「方法靈活」的務實開放行動來處理兩岸事務呢？民進黨目前的領導者根本沒有要眞心面對中國因素，甚至想重拾以前「反中」的對抗路線與策略，來與國民黨原來的「親中」路線做抗衡、競爭，殊不知，馬英九已經從親中逐漸調整爲「親美制中」的平衡角色，民進黨再度在台、美、中的政治戰略遊戲中缺席，成爲唯一的「局外人」！

這就是民進黨的政治悲哀，自以為是的閉門造車，總以為要打敗馬英九的親中路線就是要用「反中」策略來爭取民心。殊不知，當馬英九刻意在兩岸關係降溫之際，正是民進黨證明可以面對處理兩岸關係展現執政能力的最佳時機，「態度友善」應從「稱謂」作起，將「中國事務部」與「中國事務委員會」改為「兩岸事務部」與「兩岸事務委員會」，就能夠與中國大陸開啓「智庫互訪與對談」的交流：「方法靈活」從民進黨執政直轄市與縣市能夠正式邀請大陸涉台官員與專家學者訪問交流做起，兩岸經貿交流的紅利便能讓民進黨執政縣市雨露均霑，證明民進黨是有能力與共產黨打交道的政黨；最後用黨內的中國政策大辯論修改「台獨黨綱」與「台灣前途決議文」，把陳水扁執政時期的「統合論」與「未來一個中國」以及謝長廷的「憲法一中」、「憲法各表」、蔡英文的「中華民國就是台灣、台灣就是中華民國」融合而成「台灣共識決議文」，其結果，民共對話交流的政治障礙自然迎刃而解，這才是民進黨突破兩岸政治罩門、重返執政的正確道路，不是嗎？

二〇一二・七・二

4 民進黨的台灣夢與中國結

倘若沒有謝長廷的登陸訪問，恐怕黨主席蘇貞昌不願也不會在此時面對處理「台灣如何因應兩岸關係發展的政治變局」，因爲他似乎認爲，唯有明年五月連任黨主席之後才需要認眞思考兩岸問題。倘若沒有謝長廷今年以來積極處理與中國大陸的交流及互動往來的關係，則甫成軍的中國事務委員會恐怕也只能各抒己見、集思廣義談談台灣的兩岸問題與現象，無法眞正爲民進黨的兩岸困境與政治罩門尋求可能解套的長遠策略，更遑論能夠展現積極面對中國大陸的「兩岸融和」根本問題。

也正因爲如此微妙的蘇、謝政治競爭與競合關係，民進黨才會在此時刻積極面對處理中共領導人的「中國夢」問題，以台灣的主權、安全、人權與賺錢的務實角度去勾勒出「台灣夢」的具體內容與價值，並尋求與「中國夢」對接與相融的可能途徑與契機。的確，因爲有謝長廷的積極面對與勇敢前進，我們似乎也眞正看到蘇貞昌正在蛻變，正在揚棄舊有的政治權謀運作心態與行為，為民進黨的兩岸路線轉型鋪墊新的政治動力。這才是蘇、謝微妙政治關係該發展的良性競爭，相信這是大家想看到的民進黨，儘管派系林立、天王各自坐擁山頭，但面對最艱難的兩岸問題，應該在「既競爭又合作」的政治關係中找到整合黨內共識的「共識基礎」一致對外，民進黨也才能有改變目前台灣多數民眾不信任該黨有能力處理兩岸事務的印象，屆時，重返執政也只是時間問題而已。

其實，民進黨內政治領袖與天王的政治競爭關係，原本就是政黨政治與民主多元社會的政治常態，黨主席或總統提名資格的競爭本來就是正常現象，尤其是蘇、蔡、謝、游四者的關係既是競爭也是合作，只要能對黨的整體發展與戰鬥力有正面幫助，不論是蘇拉游合作或蔡拉謝結盟都是正常合理的政治布局，其中就連有無支持參選六都直轄市長的可能「政治交易」也應用平常心看待，只要不破壞黨的團結、整體戰力以及政治形象，都不能用「政治道德」或「政治權謀」的觀點去加以評價，畢竟政治就是「拉幫結派」，完全以政治實力與民意檢驗為依歸。

因此，既然跨出了成立中國事務委員會的第一步，民進黨就是要正視面對兩岸問題，到底兩岸需不需要政治對話與談判？條件與時機點應如何釐定？兩岸倘若需要政治談判，共識基礎在哪裡？要談的主體、內容與方向有哪些問題必須衡量？民進黨中國事務委員會是該冷靜思考這些錯綜複雜的兩岸問題，並提出具體的主張與內容。我們相信蘇、蔡、謝、游等政治領袖應該有足夠的政治經驗與智慧對這些問題提出看法與主張，經過多方討論與溝通協調後整合出黨的基本立場與具體政策方案。民進黨的兩岸問題不是天王的，也不是派系的個別問題，更不該是用來做爲鬥爭政治對手的工具或籌碼；我們更希望這些天王或政治領袖能夠拋棄個人政治利益的思考，完全以黨的精神、價值以及黨的發展做衡量、做決策，爲台灣如何面對中國大陸找出新的定位與方向，這才是負責任的政黨以及該盡政治義務的民進黨政治領袖被外界所期待應發揮的效果。

從「四個如果」、「事實主權」、「住民自決公投黨綱（俗稱台獨黨綱）」到「台灣前途決議文」，民進黨歷經不同時期、不同政治環境，做出了與時俱進的台灣前途定位與兩岸關係變化的具體共識與政治主張，經過二〇〇八與二〇一二兩次總統大選的政治洗禮，民進黨更應該正確認清其兩岸困境與政治罩門到底在哪裡？如今，既然已經成立了兼容各方派系與政治領袖的中國事務委員會，就應該透過這個政治平台拿出一套具體的可行方案，處理台灣與中國大陸關係定位的主張，處理民共交流、互動往來與對話的政治策略與方向。

台灣與中國大陸的政治關係已經從政治對抗走向政治和解，以後更可能往政治合作或融合的方向發展，民進黨是該拋棄敵視中國大陸或「反中」的政治情結，找到可以與中國大陸和平共存及交流對話的新政治主張，而民進黨的政治天王更有共同的責任與承擔來一起面對兩岸問題，不僅要能夠找到整合黨內共識的具體政策方向，同時也要尋求可以跟中共當局解開對話僵局的可能方案。我們更衷心期待，謝長廷能夠繼續扮演開路先鋒的政治角色，帶動中國事務委員會的政治動力，勇於提出讓大家可以聚焦討論的兩岸問題，也希望看到蔡英文做爲國際談判與兩岸事務專家的政治領袖，能拿出具體可行的「台灣共識」藍圖，同時，也更期待已經開始蛻變的蘇貞昌黨主席扮演好整合共識的「召集人」功能，策動游錫堃、陳菊、賴清德等政治菁英爲黨的「重返執政」新兩岸路線定位發揮所長，則中國事務委員會的運作與功能更能爲外界所正面肯定，這是民進黨的政治機遇，也是爲台灣找正確出路的政治契機，值得觀察之。

二〇一三・五・九

5 蘇主席「螳螂捕蟬」！

繼謝長廷舉辦紅與綠對話論壇及二次登陸訪中後，蔡英文的小英基金會也將邀請中國銀行首席經濟學家曹遠征教授就「人民幣國際化的緣起與發展」發表專題演講，而民進黨的中國事務委員會兩個月召開一次的會議也即將在七月十一日舉行，可以預期目前民進黨內部正在加緊腳步「補修」兩岸學分，而謝長廷、蘇貞昌與蔡英文三位黨內最具政治實力的政治領袖，也勢必對中國政策與兩岸議題分別提出其主張與論述，試圖在黨內左右徘徊、莫衷一是的兩岸論戰政爭遊戲中取得引領群雄的政治主導權。

此從謝長廷主辦的香港論壇中「獨缺」英系與蘇系的人馬可以得知，不是蔡、蘇各有政治考量或顧忌而選擇與謝切割處理，便是謝長廷系統刻意排除蔡、蘇人馬參加。三人各有打算的競爭意味相當濃厚，雖不容易揣測他們的政治盤算到底爲何，但也的的確確讓人見識到他們都想主導黨內兩岸議題的政治策略與發展方向，不喜歡其他人插手其中或瓜分兩岸議題的政治資源。

令人費疑猜的是，蘇貞昌一改上次謝登陸訪中的政治論調，表示「黨內有不同的兩岸創新，不需要急著批評下定論黨內意見領袖的意見，也希望黨內更多支持和包容。」前立委林濁水解讀這是蘇貞昌展現脫胎換骨的自信所致，但個人則寧願從另外的政治角度去做解讀。

蘇貞昌現在的身分是民進黨主席兼中國事務委員會的召集人，到明年五月之前他還是黨內的領導人，就連中國政策的定位與發展也是由他完全主導，謝長廷在此期間任何兩岸問題上的成績與表現，只要蘇貞昌展現大肚包容的政治心胸與格局，謝的成果都會由蘇所收割，而謝如果在民、共交流的問題上講錯話或衝過頭，黨內自然有人會站出來對付謝，蘇也不會因此受到牽連與波及。因此，蘇目前根本不需與謝弄僵關係，只等著逐步「收割」謝的政治成果便可，更何況中國事務委員會在年底前後便會整合共識提出新的對中政策與論述，這是蘇要連任黨主席相當重要的「政績」，也必須對外證明民進黨有能力處理兩岸關係與民、共對話僵局的可能解套，此時，蘇仍必須與謝保持可以合作的和平共處政治空間，蘇當然更寧願站出來爲謝做某種程度的背書。

蘇會有如此的政治轉變，關鍵在於上次謝登陸回來後，還想爭取中國事務委員會的主導角色，但蘇不肯鬆手，因此蘇必須對謝上次的登陸發動攻擊；而此次情形則已不同以往，蘇已穩坐中國事務委員會召集人職位，其他委員會成員蘇也掌握大多數的友好互動關係，謝與蔡在該委員會的政治作用與牽制力量無形中已被弱化，當然蘇從此已可將謝排除在政治對手之外，這才是蘇蓄勢待發展現自信為謝緩頰的政治道理吧！

因此，謝長廷兩岸路線的崛起，正如前陸委會副主委邱太三所言：「收割的是別人，不是自己！」螳螂捕蟬的蘇貞昌已經有積極的自信來收割謝長廷登陸的政治效益，現在就看蔡英文如何出招？如何扮演「黃雀在後」的正確角色？如何在與謝「若即若離」的政治關係當中，找到可以在兩岸議題上對付蘇貞昌的可能策略與方法了？

二〇一三・七・九

6 民進黨「後宮甄嬛傳」的政治大戲

民進黨內的領導權之爭與兩岸路線發展的政治爭議，就宛如大陸電視劇「後宮甄嬛傳」一樣，撲朔迷離、高潮迭起，不到最後攤牌決戰都很難斷定輸贏；其中又以謝長廷、蘇貞昌及蔡英文三人的此消彼起與恩怨糾葛最有看頭，就像劇情人物的皇后、華妃與甄嬛的政治角力過程，令人拍案叫絕。

如果用政治發展的變遷來看，蘇貞昌應該就像皇后的角色，最先受到陳水扁前總統的青睞，是當年陳水扁交棒接班的首選人物，可惜的是，二○○七年總統初選的黨內提名階段不幸敗給謝長廷，導致蘇貞昌形同失寵，讓宛如華妃的謝長廷得掌大局參選二○○八年的總統，一時之間，獨領風騷，好不風光。

然而，二○○八年總統大選的落敗，謝長廷飲恨退出江湖，之後蔡英文突然竄起。從「政治素人」到民進黨黨主席的征戰，才短短幾年的時間，馬上搖身一變成為家戶喻曉的政治領袖，在二〇一二年的總統初選賽局中擊敗沙場老將蘇貞昌，成為當年政壇上最耀眼的政治明星，風頭與政治魅力蓋過藍、綠所有的政治人物，宛如甄嬛再世。

儘管如此，政治聲勢水漲船高的蔡英文還是比不過主客觀條件都已具備的馬英九，在二〇一二總統大選中箭落馬後，辭掉黨主席以示負責。此時，蘇貞昌趁勢再起，接任黨主席，尋求再戰總統的機會，蔡英文則暫避蘇的風頭與光芒，採鴨子划水的方式勤走基層與經營在地產業人脈，伺機再起！

蘇貞昌原本在這兩年的黨主席任內可以大展身手，為民進黨敗選的關鍵因素中國問題打開血路，做為連任黨主席、再度參選總統的重大政績，但因為過度忌憚兩岸務實交流派的謝長廷藉機東山再起，也擔心謝長廷與蔡英文可能結盟與合作讓他腹背受敵，導致他瞻前顧後、躊躇不前，不敢在兩岸路線的發展上開大門、走大路，最後終於在一月九日的中國事務委員會的會議當中敗下陣來，種下了「蘇下蔡上」的敗因，幾乎在黨主席連任的主客觀情勢當中提早出局。

已經失勢的蘇貞昌面對氣勢正旺的蔡英文，原本就不被外界所看好，而處處洞燭機先的蔡英文又在此時使出「回馬槍」，就在蘇貞昌訪問歐洲之際，派遣小英基金會的核心幕僚林全率團搶先登陸訪中，佔盡對中交流的先機，既掩蓋了蘇貞昌訪歐的光彩與媒體焦點，同時也等於讓蘇貞昌對中政策的種種努力形同白廢。蔡英文不僅一出手便重掌民進黨兩岸路線發展的政治主導權，也同時對外宣告五月黨主席的政治論戰她不會缺席，蘇、蔡的政治決戰已提早攤牌，雙太陽的領導權之爭必須有所了結。

試圖東山再起的謝長廷，問鼎黨主席的旺盛企圖心，外界都相當清楚，他最想要的政治情勢發展，不是要與蔡英文結盟合作打倒蘇貞昌，而是想要「平衡蘇蔡關係」擔任他們的總協調角色，以完成團結民進黨的政治態勢打敗國民黨。因此，謝長廷的政治戰將管碧玲對外主張黨主席與總統初選採「二合一」的方式處裡外，他本人也倡議擔任黨主席者不要參加總統初選的主張，試圖讓蘇、蔡都能退出黨主席參選的布局以直攻總統初選，他則有機會藉此機會選上黨主席。謝長廷的想法與布局立意雖佳，但因爲蘇、蔡對峙局面難以化解，以及其他派系的政治利益無法擺平，可能最後還是難以獲得實現，謝長廷終歸必須面臨要不要加入蘇、蔡戰局的黨主席之戰的政治評估與選擇！

縱使謝長廷力推黨主席與參選總統「二擇一」的制度變革成功，謝長廷參選黨主席的如意算盤，恐怕也很難過得了黨內最大派系新潮流系陳菊或賴清德市長參選這一關，謝長廷要想打敗陳菊或賴清德恐怕是高難度的政治關卡。當然，謝長廷也相當清楚這絕對是一場政治硬仗，但卻遠比他與蘇或蘇、蔡決戰還有機會贏，這也是謝長廷至今為什麼還要「險中求勝」力推二擇一方案的原因。謝的意志，耐力與韌性，明知山有虎偏向虎山行的政治性格，在民進黨內除陳水扁外幾乎難有人可以與之相抗衡。

因此，現在民進黨的政治難題，可以說是一個誰都不服誰的政治混亂時代，蔡英文必須擺平謝長廷的參選黨主席決心，才能親征黨主席與蘇決戰攤牌，而蘇貞昌也深知讓謝長廷加入蘇、蔡黨主席戰局對其是有利，也不可能讓「二擇一」方案可以成案或順利過關；對於謝長廷而言，則似乎已無退路，參選黨主席是他完成民進黨最後一哩路的歷史責任與承擔。所以，蘇、蔡、謝三人宛如後宮甄嬛傳的政治大戲還要繼續上演，等到農曆年過後才會陸續翻牌明朗化！或許，要解這個局，要想讓謝長廷有個政治台階，蔡英文或蘇貞昌是該與謝長廷開誠布公私下談一談，由謝長廷擔任中國事務委員會召集人角色，主導民進黨兩岸政策的轉型，恐怕也許才是最後可以政治解套的方法吧！當然，謝長廷能否接受他們的提議也未可知，但至少是目前看起來可以各得其所的最好方案！

二〇一四・一・二十八

第二章
謝長廷的登陸戰略突破

謝長廷率先登陸戰略，打開了民、共交流對話的機會之窗，
也讓台灣民眾開始信任民進黨可能有能力處理兩岸問題。
既開啓兩岸互動融合新發展契機，
也是蔡英文勝選的重要政治舖墊工程。

1 民、共對話交流戰略不是夢！

承蒙民進黨台獨理論大師林濁水在蘋果日報「謝長廷大戰略之夢」專欄，為文批判個人近日在美麗島電子報有關謝登陸訪中的系列文章。林文主要論點談及：「其實憲法各表和一中各表是一樣的。中共不喜各表但鍾愛一中，國民黨一中各表中共嚴厲拒絕，但如果民進黨從一中一台變成一中各表，依統戰原則仍是中共巨大勝利。北京讓資歷分量遠不如謝的吳伯雄有好幾次胡吳會了，中共如認為謝能使民進黨變成一中黨，則胡習謝把酒言歡都應該。但中共看到的是謝雖開展之旅，民進黨領袖雖多肯定謝訪中但卻強調平常看待，並否定有謝訪中無關建立兩黨平台。」顯然，林濁水前立委認為謝的登陸似乎聲勢、效果大打折扣，頗有「黃粱大夢」、「英雄氣短」的末日黃花、長日將盡的譏諷味道。

另外，自由時報也提到，民進黨前主席姚嘉文強烈質疑謝長廷的「憲法一中」，反對謝出任中國事務委員會主委，並質疑民進黨成立這個委員會「定位不明」，不知其功能何在？但美國的中國問題專家卜睿哲與李侃如則表示，謝長廷的中國之行，反映了民進黨為了贏得選舉，持續進行內部的中國政策辯論，這是一件好事，台灣人民未來在選舉時也可以有更多選擇。中國的對台政策是採取一個較長遠的經營方式，中國了解到民進黨未來仍可能贏得政權，不希望與國民黨在兩岸關係達成的進展，之後會因為台灣的政治變化而逆轉，所以要和民進黨搭橋。

顯然，對於謝長廷的中國行，民進黨內部的確呈現了仁智互見的爭議看法，但在國際社會的判斷解讀則比較肯定這場「民、共搭橋」的可能效應，對台灣未來的選舉市場將會有某種程度的衝擊與變化。

事實上，誠如謝長廷訪中回台隔日便在主持綠色和平電台時表示，民進黨要讓人民有信任感，必須要做到四點：

第一、民進黨有處理兩岸問題的能力，民進黨執政，兩岸可以和平交流，經濟交流不會倒退。

第二、民進黨有替人民及台商服務的能力。

第三、民進黨可以替人民表達意願與心聲。

第四、民進黨跟對岸有溝通的平台或管道，可以澄清誤會，互相交流。

從近日台灣指標民調的調查結果顯示，有五十七．八％的民眾認為民進黨高層參訪中國大陸有助兩岸交流發展，而旺旺中時民調調查結果也有四十四％民眾支持謝長廷的開展之旅。民進黨內部雖然對謝的訪中容有不同的聲音與評價，卻也無法忽視台灣主流社會民意多數肯定謝登陸的「融冰之旅」，是有助於民、共對話交流與累積雙方政治互信的良好開端，對兩岸關係的交流與發展，是絕對有其相當正面的幫助。

謝的訪中搭橋雖然受到民進黨中央刻意切割及淡化處理，但謝所提出的「面對差異、處理差異、超越差異」新論述，的確引起了北京當局的側目與重視，因為謝的說法已經超越了國、共間的「擱置爭議、求同存異」共識，也為兩岸未來的政治對話與談判開啓預留伏筆，這對與國民黨政府最近關係不太順暢的北京當局而言，似乎找到了一條可以打通兩岸關係新局的政治途徑與曙光。倘若，未來的民、共對話交流與發展可以因此而有積極性的突破與進展，則縱使民進黨再度執政，北京當局也不用太過擔心台灣會宣布獨立的政治衝擊了！

當然，謝長廷超越差異的說法是個人主張且並非黨內共識，其「憲法共識」與「憲法各表」的論調目前也不是黨內的主流意見，但卻是比較符合蔡英文前主席在大選前主張的「台灣就是中華民國、中華民國就是台灣」政治思維，這是體現「台灣前途決議文」內容，且跨越「台獨黨綱」政治侷限的中性論述，較容易讓台灣大多數民衆認同與支持。倘若，蔡英文願意在此基礎與謝的想法有更積極的合作與結盟，共同推動民進黨認同中華民國與中華民國憲法的「政治公約數」，相信民進黨邁向執政的「最後一哩路」，也將是康莊大道，而不是羊腸小徑了！

謝的中國行，最具政治意義的價値不在於他見了王毅、陳雲林或戴秉國，否定他大陸行的政治成效，也不在於他沒有見到賈慶林、習近平或胡錦濤，而是他證明了民進黨領導人到中國大陸參訪，不會只是像國民黨的領導人「被摸摸頭」就歌功頌德，民進黨是有能力兼顧台灣主體性的價値與尊嚴與北京當局展開政治對話與交流，是有誠意與善意，爲未來的兩岸和平發展新局提供新的論述與主張來解決差異與爭議。

謝長廷最大的政治貢獻，就是證明民進黨有處理兩岸問題的能力與價値，北京當局不能再只是與國民黨政治唱和，便想解決兩岸的政治歧見與差異，而兩岸要進一步開啓政治對話與談判，不能只靠「九二共識」與「一中原則」，北京當局必須面對且正視中華民國存在的事實，必須對中華民國「給個說法」，才能眞正跨越兩岸的差異，共同處理兩岸最棘手的政治難題，否則，一切的交流與讓利終歸只是「美夢一場」，難有新的創造性發展。

民進黨內部對謝訪中的政治爭議，不只是民進黨政治轉型過程的必然陣痛，林濁水與姚嘉文的批判說法雖是其基本教義派的政治思維作祟所致，但卻更加證明謝的登陸的確已經挑動了民進黨中國政策定位與發展路線之爭的敏感神經，讓人看到了「不一樣的民進黨」正在內部醞釀、發酵。北京當局更應該藉此認識、體會台灣多元民主聲音的政治可貴之處，兩岸事務不應只是國民黨獨攬話語權的結果，因爲這既成不了事，也無法根本解決兩岸文化、政治、經濟社會與文明價值觀上的眞正差異，此時，大陸涉台系統更應該誠心面對民、共對話交流的政治困境與癥結，做爲兩岸化異求同的首要政治任務與工作，則兩岸的和平發展與繁榮才能眞正由兩岸人民所共利共享。

二〇一二・十・十一

2 「不一樣的民進黨」帶動新兩岸關係的契機

經過兩個星期的內部紛擾，民進黨蘇貞昌主席終於對謝長廷登陸的結果做出正面肯定的回應，表示「長廷這一次到中國，我覺得他處理很好，他沒有改變，也沒有失去原來的立場，不必加以苛責，出去走走是很難得的。」他更進一步爲謝長廷被獨派砲轟，甚至有「一中換一餐」的指責，提出圓融的說法，表示黨內可以有不同意見，但不要懷疑動機、批評或攻擊，這不是民進黨應該有的，主席更不會如此。

顯然，蘇貞昌對謝的中國行從淡定說「辛苦了」，到黨中央不急於成立「中國事務委員會」，變成現在的「正面肯定」，雖然態度近九十度的轉變，但卻是逐步採取開明、開放的立場來看待謝的赴中交流行程，這是黨內大多數政治群雄務實理性的兩岸政策定位思維，影響了蘇貞昌原有的保守、冷凍兩岸交流與民共互動立場，終於有今天的正面回應來破除可能有人「另立黨中央」，進行民、共對話往來的傳聞與說法，民進黨開始呈現「不一樣的民進黨」，以較積極、正面態度看待兩岸政治罩門可能可以解套的新局面。

謝長廷相當有智慧、勇氣與格局的大陸行，其實已經牽動了民進黨兩岸政策轉型的政治曙光，蘇貞昌從淡定「吃味」到變成公開呼籲獨派人士不要亂批評、搞動機論人格謀殺，不是蘇心甘情願態度轉變，而是黨內肯定謝「開啓民、共交流之窗」的共識氛圍，逼迫蘇貞昌讓步，黨內儘管沒有憲法共識、憲法一中的政治共識，且還存在著仁智互見的質疑，但卻完全支持謝長廷「融冰之旅」的政治效應，的確爲民、共交流並建立正常政治關係開啓機會之窗，是相當不容易的政治成果。

民進黨往後的中國政策定位與轉型，隨著謝長廷登陸政治效應發酵，應會有新的轉折契機，黨內基本教義派「扣紅帽子」的政治動作雖然不會停歇，但政治影響效果將會逐步遞減，此次黨內各大派系「群毆」務實派大陸政策人物的聲浪更已不再發生，這的確是民進黨相當罕見的微妙政治變化；可以預期明年將是民進黨開展民、共關係正常化的「關鍵一年」，若能成功開展則水到渠成，兩岸和平發展新局將進入嶄新的政治階段，國民黨與民進黨政治角力與競爭的兩岸關係新形勢，可能徹底改變國民黨獨攬兩岸話語權的現況；而國、民、共的三角政治互動新趨勢，也必牽動著兩岸關係發展邁入新的境界，這將會是很難阻礙的潮流發展。

我們已經可以預期，明年民進黨內應該會有更多的兩岸交流互動活動，北京當局也會派出專家學者外的涉台官員赴台訪問與交流，甚至每到台灣就可能會與民進黨人士會面或參加民進黨相關智庫的座談會與論壇，這是正面且公開交往的民、共互動新局，期待這股理性務實的政治風潮帶動兩岸關係的發展新局，攜手創造互利雙贏、共存共榮的兩岸和平發展大局。

二〇一二・十・十九

3 謝長廷破解兩岸政治難題的「一個中華」定位

民進黨天王謝長廷在出席淡江大學陸研所主辦的「兩岸青年領袖研習營」演講時，提出了兩岸兩部憲法的對話與「兩岸政府關係條例」的新主張來處理兩岸問題。謝長廷認爲，要面對歷史事實，兩岸問題才能找到答案；兩岸憲法其實都是「一個中華」，有歷史的連結、歷史的特殊關係，這必須要承認；兩岸應回歸憲法秩序，兩部憲法對話，是未來應該要走的一條路。

因此，謝長廷表示，中華民國就是台灣，台灣就是中華民國，這是事實，我們現在有「兩岸人民關係條例」，但沒有「兩岸政府關係條例」，兩岸政府到底是什麼關係？我們不知道，要以後談判來解決中華民國與中華人民共和國的問題。

「兩岸憲法都是一個中華」的兩岸特殊政治關係，原本就是事實存在且相互牽連的政治現狀，因爲都在「一個中華」的憲法框架下去處理、面對中華民國憲法與中華人民共和國憲法的重疊交集與現實分歧的爭議，民進黨與共產黨都要面對中華民國存在的事實定位問題，除非經過修憲或公投程序，否則民進黨必須在中華民國憲法的基礎上與對岸的中共共同面對「兩岸特殊政治關係」的定位與安排，而中共當局也必須在中華人民共和國憲法的規範基礎下，尋求兩岸憲法特殊關係的定位與處理，如何透過兩岸政治對話與談判來共同解決兩部憲法的「對接」？更考驗著兩岸領導人的政治智慧與格局。

兩岸憲法都是一個中華，純從政治關係來加以解讀，可以簡化為「兩岸同屬一個中華」的政治關係，不用再為「一個中國」問題玩文字遊戲各說各話，也毋須再為「一中各表」、「一中框架」的擱置政治爭議而大費周章，搞得兩岸當局對「先經後政」、「只經不政」的隔海互嗆，兩岸政治對話的難題與障礙難以消除，兩岸關係和平發展的嶄新局面更難加以開展。謝長廷提出具務實、前瞻且開創性的「一個中華」政治主張，其實已經可以為兩岸特殊政治關係的對話、協商與談判，鋪陳出新的方向與新的思維，但關鍵問題還是在於民進黨內部有沒有辦法接受他的看法成為黨內主流意見？以及中共當局是否願意改變思維、調整政治彈性，積極面對以「一個中華」取代「一個中國」、「一中框架」的政治論述與主張？

兩岸兩部憲法的對話以及「兩岸政府關係條例」的想法是否可以處理兩岸問題？其實是政治心態與政治認知的問題。當年，陳水扁前總統擔任立委首次登陸訪問時便拿出其仿兩德基礎條約模式的「兩岸基礎條約草案」向中共當局推銷，便是想用「文化上」、「歷史上」一個中國的概念突破中共當局的「一中原則」，為兩岸特殊的政治關係尋求解決之道的出路。當時，中共並未曾積極表態，如今，二十多年後的今天，時過境遷，謝長廷提出「一個中華」與「兩岸政府關係條例」的構想，的確能為兩岸特殊的政治關係發展找到雙方都可能可以接受的政治共識基礎，是比國民黨的「一中各表」、「不統、不獨、不武」更能破解兩岸的政治對話難題，也比陳水扁當年的「兩岸基礎條約」想法更具務實操作的可能性。民進黨能否走出「反中」的政治思維與心態，積極面對處理民、共對話與交流的政治障礙，正確處理、看待謝長廷「一個中華」的政治構想？中共當局是否眞能理解並充分意識到謝長廷的主張，正是解決兩岸政治對話困局的「中庸」之策，順勢打開兩岸政治難題的「機遇」也在於此？否則，兩岸關係的發展又如何能「積極思考」、「全面發展」呢？

總之，兩岸原本就是同源同種的兄弟關係，未來兩岸要創造「共同家園」的兩岸夢，中國大陸必須拋棄「大國」的老大心態，面對中華民國存在的事實，兩岸的政治對話難題才能加以消除；同樣地，對於台灣而言，不論是民進黨還是國民黨，必須正視且面對兩岸融合與交流發展的時勢發展，理性且務實看待兩岸特殊政治關係與兩岸憲法都是「一個中華」的政治現實，共同努力尋求解開兩岸政治困境的「台灣共識」。

二〇一三・四・二

4 「若即若離」的謝、蔡結盟關係

未來事件交易所日前公布「民共對話與互動」的調查結果，民意對民進黨智庫與大陸學術界智庫共同舉辦兩岸關係論壇的支持度為五十六．九％，對謝長廷訪問大陸的支持度為六十三．五％，其次為陳菊的五十三．四％、賴清德的五十一．五％、蔡英文的五十一．四％、蘇貞昌的四十七．三％。顯然，台灣內部多數民衆仍然樂見民進黨與共產黨交流與往來，而謝長廷去年十月登陸訪問所塑造的民、共對話政治氛圍，的確已經讓謝長廷成為民進黨內的兩岸開路先鋒，遙遙領先黨內其他政治領袖與天王的支持度，謝長廷的「兩岸牌」事實上已經奠定了他在黨內的新政治品牌與價值。

此次謝長廷的維新基金會能夠登陸香港與中國社科院台研所合辦「兩岸關係的發展與創新研討會」，除了謝長廷陣營的立委、市議員全力相挺外，還有陳節如、許智傑、陳歐珀與邱志偉等跨派系的立委共襄盛舉，為民、共對話與交流打開突破僵局的政治局面，同時也因為中共當局派出了國台辦副主任孫亞夫帶領涉台官員與專家學者踴躍參與，意味著中國大陸領導人也相當肯定此次「香港論壇」可以創造民、共關係未來發展的政治想像空間，其政治效果與影響力已超越了多年來民、共關係只能檯面下私自往來互動的接觸局面，民、共關係的正常化發展的確已經往前邁進一大步。

我們相信，這是謝長廷去年登陸破冰所創造出來的政治空間與政治價值，同時，也意味著中共當局願意正視面對與民進黨發展政治對話關係的新契機，雙方都應該好好把握這兩岸歷史機遇的新局面，共創兩岸和平發展的「兩岸夢」。

謝長廷登陸訪中、舉辦香港論壇的政治價值在於破除國民黨獨攬兩岸話語權的政治效應，讓台灣另一半的聲音可以傳遞到中共當局耳中，讓他們能更深入瞭解台灣的想法與民心，不會偏聽與誤判台灣的政、經、社會發展情勢，這對兩岸關係的發展與平衡共生是絕對正面的幫助與效果。

然而，眞正的問題是，民進黨內蘇貞昌與蔡英文兩位最有機會參選下屆總統的政治天王如何看待謝長廷的「友中之旅」呢？是保持距離以策安全？還是以靜制動等待反擊時機？或者是分進合擊創造合作契機？

此從此次香港論壇中並沒有蔡英文系統人士參加，大概可以窺探端倪，蔡英文目前雖有意與謝長廷保持政治結盟關係，但對謝的兩岸務實開放路線則持「若即若離」、「按兵不動」的政治態度。因此，蔡英文應該是把謝的路線當作其政治側翼，必要時可以分進合擊，但時機、氛圍尚未成熟之際，則不願讓外界把她與謝的路線打成「同路人」，而影響到其與蘇貞昌的政治競技。

蔡英文保留與謝的政治合作空間，目的是防範、圍堵蘇在中國事務委員會的可能動向與發展，因為蘇不願意正面肯定謝的務實開放路線，不僅防堵謝長廷明年與其競逐黨主席職位，同時也預留謝、蔡合作結盟夾殺其參選總統之路時；蘇最想看到的是當謝、蔡在兩岸路線站在一起時，他則選擇站在最對立的立場加以反擊，這是蘇「一石殺二鳥」的政治算計，但顯然蔡英文刻意與謝保持距離的作法並無法讓蘇的策略加以奏效。

民進黨現階段的兩岸問題，是黨內權力的主導權之爭，是蘇、蔡、謝三人政治權力競技的拔河賽，謝長廷的主動出擊雖不至於讓蘇貞昌進退兩難，但同時也讓蘇疲於奔命，不敢讓中國事務委員會的主導權交到謝的手上，只能陪維權人士陳光誠玩玩民主人權、台獨已經過時的「一國兩制」小遊戲，「黃雀在後」的蔡英文雖然也按兵不動，對謝的兩岸路線若即若離，但巧妙的讓蘇空有黨主席與中國事務委員會召集人的政治制高點卻有志難伸。

看來，謝、蔡的若即若離政治關係正是目前最好的政治合作與結盟模式，蘇貞昌如何突破圍局？如何創造新的民、共關係論述權與主導權？可眞的要大傷腦筋了！

二〇一三・六・二十八

5 謝長廷「轉動」兩岸新變局

從香港前特首、中共全國政協副主席董建華的迎賓晚宴，中共涉台重要官員與學者共襄盛舉參加謝長廷主辦的紅、綠對話香港論壇，到前進深圳與大陸國台辦主任張志軍會面、共進晚餐並與台商進行座談，巧妙的安排與布局，的確讓謝長廷的二次訪中「創新之旅」備受禮遇滿載而歸，大大提高了謝的政治行情與聲勢。

儘管回國後的謝長廷還須面對黨內少數同志砲火四射的政治圍剿，黨中央也安排了九場「華山會議」與七月十一日中國事務委員會的政治陣仗「伺候」謝長廷，但與去年十月初的首次登陸相比，顯然，民進黨內黨公職與專家學者出面聲援力挺的聲音變多了，理性且務實看待謝長廷二次登陸的政治連鎖效應也開始發酵，「重出江湖」的謝長廷的確已經找到了可以重新出發、再登高峰的政治位置與舞台，扮演「轉動」兩岸關鍵變局的政治先鋒角色。

謝長廷的政治戰略價值，其實是馬英九與蘇貞昌兩位朝野政黨黨主席「無心插柳」所創造出來的「局」，讓中共當局必須迅速調整對台策略與方向，用謝長廷的「矛」去攻蘇貞昌的「盾」，用謝長廷的民、共交流與對話模式去「破」馬英九不願意開啓兩岸政治對話的「不統、不獨、不武」金鐘罩！

政壇智多星的謝長廷當然相當清楚自己在兩岸關係發展上的政治作用與戰略價值，他更瞭解以其在民進黨內「老三」的政治地位與實力，勉強在黨內推銷其「憲法共識」、「憲法各表」與「憲法對話」的政治主張，是難以突破黨內「逢中必反」與「敵視中國」的保守政治氛圍。因此，他必須用行動尋求與中共當局的對話，來證明自己的主張與論述是可以「登陸」、「搭橋」，是可以開啓民、共對話之窗的務實傑作，是可以「出口轉內銷」的新兩岸路線選擇。

正因爲如此，謝長廷「兩岸牌」的戰略價值既可以突破民進黨保守面對兩岸交流與對話的政治僵局，也同時可以發揮策動馬政府不願正視面對兩岸政治對話與談判的政治壓力，中共當局當然更願意創造讓謝長廷可以在兩岸關係揮灑自如的政治想像空間與機會，以藉此引動兩岸關係新變局的政治轉輪。

謝長廷另闢蹊徑登陸訪中與舉辦紅綠論壇的時間點，正是蘇貞昌兩岸保守路線正在萌芽，國民黨馬英九總統遲遲不願開啓兩岸政治對話，而中共當局正在尋找「戰略突破」的政治缺口之際。因此，謝長廷的「友中」對話之旅便無形中促成兩岸三角關係的變局「轉輪」，改變了原已失衡的國、民、共政治關係，同時也促成民、共敵對關係產生新的化學變化。民進黨內最敏感且最難加以突破的「兩岸問題」爭議終於聚焦形成路線之爭，雖未直接導致黨內兩岸路線之爭的正式攤牌局面，但也牽動了民進黨內九場「華山會議」舉辦的政治衝擊與影響，最終也勢必對每兩個月召開一次的中國事務委員會所將討論、熱議的兩岸議題造成政治聚焦的效果。其結果，蘇貞昌主席已無法再「冷處理」謝的兩岸主張與論述，也終必在明年一月之前提出經由中國事務委員會討論、決議的「新中國政策」。

這就是謝長廷「再戰江湖」的政治價值，他的訪中與紅、綠對話交流行動，改變了台灣的兩岸關係發展政治脈動，顚覆了國、共政治平衡關係，同時，也策動了民進黨兩岸政策轉型的發展契機，謝長廷無疑地已經成爲二〇〇五年連戰登陸訪中後改變兩岸關係發展政治連動效應的「第一人」，其所將翻轉的兩岸關係新變局與「化異求同」的新政治曙光，或將對兩岸關係發展帶來更加深遠的影響與衝擊。

二〇一三・七・五

6 謝長廷路線的價值在於平衡蘇、蔡關係

「拔劍四顧心茫然」的謝長廷，是有機會在民進黨內殺出重圍而與蘇、蔡並駕齊驅的政治天王，只要他的戰略地位與價值能夠發揮平衡蘇、蔡政治關係以及牽制國、共關係的政治效果；這是謝長廷應該相當清楚的政治角色扮演，否則，謝的所有努力與心血可能就會付諸流水，民、共交流成果等待別人收割，自己成爲黨內開路先鋒的政治祭品，逐漸邊緣化、沒落。

因此，以謝長廷的政治高度與智慧來看，他首先必須拋開其與蘇、蔡的政治恩怨情仇並找尋與他們「平衡共生」的結盟關係，才有機會開創整合黨內中國政策共識的「謝長廷路線」，帶領全黨突破民進黨的兩岸政策瓶頸與困局，進而重返執政。

所以，謝長廷想要以「謝長廷路線」再戰黨主席，應該拋開其個人對蘇、蔡的喜怒好惡與政治觀感，用更中立、客觀且公平的角度去正確處理與蘇、蔡的政治關係，才能眞心獲得蘇、蔡的共同支持重登黨主席職位；否則，不論謝與蘇或蔡任何人政治靠攏或結盟的結果，

都只是再一次撕裂民進黨、強化蘇與蔡政治緊張對峙關係的局面，未必有利於民進黨九合一大選與二〇一六總統大選的結果，我們相信這應該是大多數民進黨黨員與支持者都不願意看到的情形，謝長廷倘若要成爲黨內眞正的「共主」，便應朝此方向去做努力！

走過二〇〇八的參選總統、二〇一二的總統抬轎，謝長廷應該深知民進黨基本上還是敗在自己人的手上，是敗在當年陳水扁前總統家族的貪瀆風暴以及蘇貞昌與謝長廷、蔡英文的不合上面，倘若二〇一六的大選又是因爲蔡、蘇關係問題造成內耗並削弱戰力，那麼戰敗責任就該由蔡、蘇、謝三人共同承擔，他們三人都該引咎下台，從此遠離民進黨的政治是非圈。

換句話說，謝長廷原本就該扮演蘇、蔡政治關係「平衡槓桿」的政治角色，找到民進黨「重返執政」的政治共生價值，而「謝長廷路線」能否崛起重返主流路線，創造民進黨新中國政策的新主張與新論述，其關鍵就在於此！

因此，謝長廷當不當黨主席並不重要，蘇貞昌要不要連任黨主席大家也不是那麼在乎！眞正關鍵的是民進黨能否重返執政？重返執政與否的問題又是圍繞在謝、蘇、蔡三人的競爭與合作關係以及兩岸路線的轉型變化問題上，其中最具政治戰略價值又兼具政治平衡共生角色的關鍵人物就是謝長廷，既不是民進黨內最大派系的新潮流支持誰出線或向誰靠攏的問題，更不是已經影響衝擊力道式微、弱化的前總統陳水扁！

「舍我其誰」、「身先士卒」的謝長廷，站在民進黨的歷史轉折點，必須跳脫政治派系私利與個人恩怨的格局，展現「雖千萬人吾往矣」的政治氣魄，全力扭轉蘇、蔡不合的政治關係，朝向合作與互利共生的關係發展，這才是謝長廷路線能否重新崛起、謝長廷能否再度成爲黨內「共主」的關鍵樞紐！

同樣地，「謝長廷路線」的政治成敗，是中共當局觀察其對台政策是否必須重新調整的重要政治指標，不論他們能否接受或忍受謝所提出的憲法各表、憲法對話，他們目前依然會以最高規格的政治禮遇與最大開放空間的政治格局，對謝長廷及其他民進黨黨內務實開放路線主張者「開綠燈」。因此，謝長廷更應該趁此時機，超越派系格局，結合黨內政治群雄與政治菁英踴躍登陸，開啓對話與交流，而「不應劃地自限把民、共交流當作個人派系政治資源與私利」，讓自己更陷入孤立無援或派系鬥爭的政爭風暴當中難以自拔！

謝長廷路線或許可能正在崛起，謝長廷時代也許有可能再度開花結果，這是兩岸新變局的時勢或潮流所創造的政治舞台與空間，不是謝長廷個人或其系統的政治能耐與實力所必然開創出來的政治動能！謝長廷與其團隊倘若能夠完全體會這個政治現實環境所營造出來的

「局」與「勢」，拉大政治戰略縱深，平衡蘇、蔡政治關係，廣結善緣，積極尋求與其他不同政治派系的合縱與連橫，共同處理中國政策的路線轉型與民、共交流對話的「政治問題」，則我們相信「謝長廷路線」的公共財不僅是民進黨重返執政的最大政治動能，同時也是蘇、蔡關係正常化、和諧化的平衡力量。

屆時，謝長廷選不選黨主席、當不當得上黨主席已經不再是問題，因爲，謝長廷必然就是民進黨的政治「共主」，誰來收割？也就不是問題了！也唯有如此，謝長廷路線的崛起才有眞正的政治價値與意義，謝長廷「平衡」與「共生」的政治理念才能眞正適用到兩岸關係和平發展的政治旅程當中，共創兩岸共同家園的「兩岸夢」了！

二〇一三・七・十一

7 蘇、蔡、謝共同滾動兩岸和平發展歷史巨輪

處在蘇貞昌與蔡英文政治平衡槓桿中心點的謝長廷，爲民進黨開創對中政治關係，表面上是爲了明年黨主席的決戰鋪墊政治基礎與動力，尋求再攀高峰的政治春天，事實上，其眞正的政治目的與價値，是在爲民進黨的重返執政掃除政治障礙與絆腳石，而「兩岸問題」與「蘇蔡關係」的確是他必須積極面對的政治難題。

這是謝長廷無法迴避的政治宿命，也是他能否完成民進黨「二次政黨輪替」歷史定位的重大考驗。因此，謝長廷必須甘冒萬箭穿心的政治風險爲民進黨的兩岸困局殺出一條血路，除了二次登陸與開啓紅、綠智庫對話的奮勇前進外，他仍然須小心翼翼處理與蘇、蔡之間的政治合作與競爭關係，以避免民進黨兩岸事務主導權之爭演變成黨內政治鬥爭的工具或火藥庫，讓民進黨的中國政策路線轉型的發展功歸一匱，無法重返執政。

蘇貞昌會主動站出來爲謝緩頰、消毒，蔡英文會選擇在謝二次登陸回台後不久即舉行與中國經濟學家曹遠征、丁志傑的另類對話，其實正是謝長廷扮演兩岸開路先鋒與蘇、蔡政治平衡關係所創造出來的政治機會與氛圍，儘管蘇、蔡無法避免「終歸一戰」的大位之爭，但卻不能把謝長廷打開的民、共交流對話之窗的政治火種就此澆熄，甚至還要「借力使力」藉由「華山會議」或另闢蹊徑邀請中方學者演講來延續民進黨內悶燒的「兩岸熱」，以證明民進黨眞的有意願也有能力處理民、共交流與兩岸問題。

謝長廷的兩岸出擊，正是蘇、蔡微妙政治關係的突破缺口，這同時也構築成民進黨的「鐵三角」政治關係，而「兩岸牌」正是他們各有忌憚且相互牽制的政治要害，也因爲如此，謝的掃除政治障礙積極動作恰好成了蘇、蔡拉大政治彈性空間往前邁進，正視民、共交流問題的關鍵樞紐，眞可謂牽一髮而動全身也不爲過！

因此，「分進合擊」的民進黨天王「兩岸熱」，正是民進黨重返執政的政治突圍操作策略，謝長廷的政治動能與開路先鋒角色是相當重要的「蝴蝶效應」，既讓蘇、蔡有積極面對兩岸問題放手一搏的機會與空間，同時，也讓蘇、蔡的競爭關係處於「動態平衡」的狀態，大家一起共同滾動民、共對話交流的政治巨輪。

這是民進黨中國政策轉型的歷史機遇，也是兩岸開啓政治對話的重要政治動能，我們相信蘇、蔡、謝三人應該有機會共同創造歷史，爲兩岸和平發展的政治新局開啓新的里程碑。

二〇一三・七・十五

第三章
從陳菊、林佳龍、賴清德登陸談起

民、共交流問題是兩岸關係發展的重要政治問題，
解不開此結，兩岸和平發展的政治演變就充滿更多變數與潛藏危機，
謝長廷、陳菊的登陸與張志軍的善意訪台，
讓雙方交流的政治價值，具有更令人期待的可能想像空間，
是兩岸的政治機遇，是共同努力營造促成的新政治氛圍。

1 民進黨兩岸難題的迫切危機

最近，蘇系立委吳秉叡的「陸生納入健保」提議，被民進黨內群雄與基層支持者叮得滿頭包，就連蘇貞昌都以現在台灣的整體氣氛與時機不宜爲由，出面急踩煞車；同時間，蔡系立委蕭美琴登陸參加上海所舉行的「兩岸關係和平發展的機遇和挑戰」學術座談會，則格外引人注目，是否有替任何人傳話？衆說紛云，但當事人則表現否認的態度。

這就是民進黨內對兩岸問題「政治態度」左支右絀的窘境，也是大多數台灣百姓難以信賴民進黨有能力處理兩岸事務的最大致命傷。前立委林濁水正確點出問題的關鍵，他表示：「民進黨兩岸政策要趕快釐清，這樣哪些人要去中國，要守哪些準則，哪些東西可以發揮，就會非常清楚。就像陸生納入健保的議題會引起紛爭，就是因爲黨內還沒有擬定明確的兩岸政策，才會出現這些問題。」一語道破民進黨的兩岸政策整合盲點，「進一步退兩步」的政治敗筆，讓人徒嘆奈何！

事實上，從人權與人道的角度來看，大陸在台學生納入健保規範原本就是「正常國家」的基本要求，台灣的朝野政黨應該加以支持推動，但在政策研擬階段時必須考量相關的配套措施，才不會造成頭痛醫頭、腳痛醫腳的缺失。舉凡陸生的「三限六不」政策問題是否鬆綁？健保費率的計算、健保平等互惠制度推動的可能性、兩岸社保、醫保是否應該相互承認等問題都需全面性評估、整體考量決定，才能解決問題。倘若僅急就章地一味採取「討好」政策，或隱含「本國人」或「外國人」的意識型態政治爭論，其結果必定引發更多治絲益棼的無謂爭議，縱使修法建議的出發點是出於善意，也會造成更大的政治紛爭，恐怕是得不償失的立法芻議。

同樣地，對於民進黨人破冰登陸的政治評估問題也是如此。民進黨登陸的目標在哪裏？除了「認識中國」之外，當然也希望藉此讓中國大陸更瞭解台灣、瞭解民進黨，但更重要的目的則是希望兩岸朝向更正常交流發展的軌道前進。

因此，民進黨應該正確規劃黨公職人員赴大陸考察、訪問與交流的機制，從考察主題、參訪單位與交流內容及結果做「政治性的管控」，藉此更廣泛地瞭解中國大陸的政、經與社會發展現狀及情勢，找出民進黨可與中國大陸正常往來交流與建立政治關係的策略與方法。這是民進黨釐定並整合兩岸政策最重要的任務與課題，絕非採取最消極的「報備制」機制能夠達成的功效。

尤其在目前民、共政治對話與往來交流都因雙方各自設限還很難開展之際，如何藉由「個人交流」做計劃性的統合規劃，再配合適時開展雙方「智庫與智庫」雙向對話與交流模式，以強化彼此的政治認知與互信，避免雙方更多的政治誤解、歧見產生，就是民、共兩黨目前都應該要各自克服問題的重要開端。

雖然，民進黨的政治天王謝長廷、蘇貞昌與蔡英文都曾表達時機、條件成熟的情況下「不排除」登陸的可能性，展現與中國大陸互動往來的善意態度，但大家也很清楚這是「口惠而實不至」的政治語言，形式意義遠大於實質意義。畢竟，時機、條件要能夠成熟還相當地遙遠，更何況中國大陸也未必歡迎缺乏政治溝通與政治互信基礎的民進黨天王登陸訪問。

所以，如何創造政治時機、條件與氛圍，讓民進黨的天王能夠破冰登陸，就應落實到具體的操作層面來營造，而不是單方面的表達政治期待或各自喊話的方式。更何況，以民進黨內部而言，就連陸生納入健保議題都引發這麼大的政治爭議，許多兩岸政策的定位與規劃也勢必難以整合、杜絕爭端，那麼以「天王登陸」的議題來看，又如何能夠在內部達成可能的多數共識呢？難怪外界會更加質疑「天王登陸」是假議題，根本很難在近期內規劃成行。

既然如此，民進黨就必須更務實看待處理「內部的」兩岸問題，不能單純將兩岸議題當作選戰過程拉攏選票的政治操作工具，而是要把兩岸議題當作與人民生計發展重要關連的政治與民生問題來做處理，不能等到二〇一四的九合一選舉過後才去加以正視面對。

民進黨的政治領導人與政治菁英，必須引導基層黨員與支持群眾清楚認知，兩岸議題不只是能否重返執政的選舉議題，更是時時刻刻與人民生活息息相關的國政議題，不能再用「意識型態」的政治對抗心態來面對兩岸問題，也不能動輒高舉「反共」大旗來對付政治的對手或敵人，否則只會引發大多數台灣民眾的反感與厭惡。同樣地，對於類似陸生來台相關政策、陸生是否納入健保議題，以及諸多兩岸經貿、文化交流議題與相關協議的簽訂，民進黨也必須誠實理性面對這些議題對台灣發展的利弊得失，以避免外界常所質疑的民進黨「逢中心反」政治解讀，這是民進黨必須處理「內部的」兩岸問題；也唯有如此，台灣人民才能信任民進黨有處理兩岸事務的「基本能力」，而對岸的中共領導高層才能逐漸消除對民進黨的政治疑慮，展開民、共對話大門的開啓，讓兩岸關係的和平發展更朝向理性、正常與健康的方向進行，這才是兩岸共榮互利的雙贏結果！

二〇一二・八・十五

2 民進黨正在風起雲湧的「兩岸熱」！

台南市長賴清德日前率團到香港進行城市行銷，是繼謝長廷二次登陸與在香港舉辦紅綠對話論壇後的重要交流行動，賴清德認爲這是讓台南再次扮演台灣國際門戶的角色，台南與香港的直航是雙方實質交流、對等互利，以後也不排除造訪大陸其他城市。

曾登陸訪問大陸的高雄市長陳菊表示，交流是很好的事情，有機會很願意到各地行銷，包括香港或者是大陸，她不排斥任何行銷高雄的機會。緊接著，民進黨內最有機會參選並當選台中市長的青壯派立委林佳龍，也以台灣智庫董事長的身分協辦「第二屆亞太區域發展與城市治理」論壇，邀請大陸國務院發展研究中心副主任張軍擴演講，並有北京市、杭州市、上海市、上海交通大學等產官學參加論壇，希望透過城市治理經驗形成兩岸交流平台，創造兩岸非零和的經驗交流，並擴及亞太區域如新加坡、香港等，逐漸形成以兩岸爲主，擴及亞太地區的次區域經濟合作模式。

顯然，民進黨內風起雲湧的兩岸交流與對話的互動模式正逐漸加以展開，除了謝長廷「平衡與共生」的民、共接觸與對話外，賴清德、陳菊與林佳龍等黨內政治菁英也正以「城市交流」的模式與大陸開展另一種政治互動的交流模式，以打破台灣內部國民黨獨攬兩岸交流話語權及政治對話的「失衡」局面，並試圖證明民進黨也有能力處理並承擔兩岸事務的諸多問題。當然，外界也更加好奇，民進黨內這股「兩岸熱」，是否眞的能夠改變民進黨「逢中必反」的恐共政治思維與心態，並藉此調整其中國政策的務實轉型？讓國、民兩黨都能與中國大陸展開互利雙贏的交流與對話，既能穩中求進推動兩岸和平交流與發展的新政治局面，也不會因爲政黨輪替或政治版圖的任何轉移及變動，導致兩岸關係發展產生可能的倒退影響？

事實上，從上述民進黨內少數政治菁英起帶頭作用，展開兩岸交流、民共交流的政治情勢觀察，這是中國大陸領導高層對台策略發展的一大轉變，雖然民進黨還有台獨黨綱的政治束縛，中共當局無法與民進黨進行黨對黨模式的政治交流與對話，但顯然中共當局不僅願意對民進黨個別的政治菁英「開綠燈」進行交流活動外，更願意對民進黨內的領導人與各大派系政治領袖，開展互動交流的各種政治接觸與對話，實質上也等於是「變相」的黨對黨交流模式。這是相當務實且靈活的民、共交流新政治策略的發揮，不僅契合民、共之間各有侷限的政治關係現狀，也恰好貼近民進黨內各大派系各擁山頭的政治局面，雙方藉此找到一個

「平衡與共生」的各取所需途徑進行政治對話的突破窗口，是打破民、共政治對話僵局的新模式與新契機。

我們相信，無論是謝長廷的紅與綠政治對話，還是賴清德、陳菊與林佳龍等人的兩岸城市交流模式，都應該是民、共解開政治僵局的一大政治突破，未來還會有更多創新的政治對話機制正在逐漸舖陳、建構。我們更衷心期待，民進黨內最具政治實力的蘇貞昌主席與蔡英文前主席能深切體認民進黨內的「兩岸熱」，不僅是民進黨重返執政的「必經之路」或「政治需要」，不用因爲準備要參選總統而去衡量要不要登陸交流，而更是要爲了台灣能找到與中國大陸「平衡與共生」的台灣共識契機，積極布局與中國大陸的交往互動，讓兩岸發展從此可以互利雙贏、共存共榮，這才是民、共交流的政治價值，也是民進黨追尋「台灣夢」必須正確處理的「兩岸問題」！

二〇一三・七・二十五

3 民共交流創造兩岸對話契機

「用友善營造更多友善」的高雄市長陳菊，終於能擺脫當年「熱比婭電影放映事件」的政治效應而再次登陸訪中，爲兩岸城市交流以及民共交流注入新的政治動能。這是展現大陸領導當局對台務實開放政策的新政治格局與視野，也是民進黨加緊腳步趁機抓住民、共交流政治機遇的重大歷史契機，兩岸和平發展的新政治局面將眞正從融冰、破冰、悶燒進入「政治對話」的熱動階段。

從謝長廷的香江紅綠對話與二次登陸，賴清德的香港行城市行銷，到林佳龍以台灣智庫名義協辦「第二屆亞太區域發展與城市治理論壇」，與中共重要專家學者交流，以及陳菊市長二次登陸的城市交流，的確讓人看到民進黨務實派政治菁英們勇於冒險突破民、共對話僵局的積極努力。同時，也讓綠營人士對大陸領導當局對民進黨重要政治領袖的靈活策略感到相當地「窩心」。

畢竟，這是民、共之間彼此因爲長期政治隔閡與信任度不足所難以跨越的政治鴻溝，如今，在民進黨中央與基層尚未大幅度調整或改變「逢中必反」的政治思維與心態下，卻能夠因爲雙方「有心人士」拉大政治交往與互動對話的戰略格局而促成這種熱絡交流的成績，是相當不容易的政治成就與交手經驗，相信會對於往後更廣泛多元的民共交流與對話產生根本的影響及衝擊。同時，也意味著國民黨及馬政府在台灣獨攬兩岸話語權的政治失衡局面可能因此改觀，而民進黨的對中政策與路線的務實轉型，似乎也只是時間的問題而已。

與此同時，在北京舉行的「蔣渭水研討會」，主辦單位「中華文化發展促進會」更主動邀請親綠的官員與民代，包括監委黃煌雄、台大歷史系教授吳密察與台大醫院創傷醫學部主任柯文哲與會，並讓這位可能代表綠營參選台北市長的柯文哲醫師在會中發表十五分鐘的演講，從台灣民間發起的二十五萬人上街「悼念洪仲丘」的公民運動，談到文化認同與價值認同比國家認同更優先的觀念。他甚至在這些與會的涉台部門專家與學者面前直言「國家存在的目的，是爲了讓老百姓過好一點的生活，而不是人民爲了國家這種虛無飄渺的概念而犧牲。」、「大陸需有同理心、同情心，才知道如何與台灣相處！」

顯然，這位親綠的醫學專家柯文哲與大陸涉台部門的專家學者的交流與對話，雖未必能夠引起共鳴，但至少把台灣百姓的眞實心聲傳達給他們去認識、去瞭解。這種兩岸交流的經驗與場景，在這一年多的民、共交流及兩岸關係座談會與論壇中其實早已經屢見不鮮、司空見慣；民進黨或親綠學者在各種會議中以台灣的民主、人權與和平的普世價值與大陸對話及交流，其實也讓大陸的涉台官員與專家學者開始正視台灣的「另類聲音」。我們相信，這才是拉近兩岸融合與統合距離最直接的捷徑！

民、共交流之窗已經開啓，兩岸間彼此的政治與社會距離會逐漸拉近，接下來，應正視兩岸和平發展所面對的兩岸困局。我們更衷心期盼兩岸解決政治爭端的「對話」應該適時上場，同時，也更期待民進黨對中政策的轉型與大陸對台政策的靈活及務實開放，能「穩中求進」帶來新的氣象與新的格局，爲兩岸人民的「兩岸夢」帶來新的啓發與新的希望。

二〇一三・八・七

4 兩岸新局的政治氛圍已在改變！

兩岸關係發展需要戰略性的政治突破，兩岸民間的政治對話是在創造政治條件與營造政治氛圍，但無法解決根本性的政治爭議與難題，紅綠對話雖不等於民、共正常交流與互動，但卻是破除民、共交流政治障礙的根本方法與舖墊工程，時機與條件逐漸成熟之際，民、共交流的局與勢自然會水到渠成。

事實上，從謝長廷去年十月的登陸參訪，到今年六、七月間的香江紅綠論壇與二次登陸，創造了民、共對話與紅綠和解的政治氛圍；到賴清德、陳菊兩位重量級直轄市長的訪港與登陸，徹底改變了民共交流與對話的政治環境與互動模式。民進黨內已經產生了新的化學變化與政治情勢，「交流」成爲主流價値，「民、共互動」成爲政治顯學，登陸不再是黨內的政治禁忌，而中共的有意「搭橋」展現善意也不再被民進黨視爲「政治統戰」，雙方的政治互信已經產生微妙的質變，民進黨正開始「反思」與中共交流不再是「扣帽子」的內部權力鬥爭競技遊戲，更不可能會造成「出賣台灣」的政治背叛。因此，明年初即將出爐的中國政策方向，應該會朝向更理性、開明且開放的務實交流政策路線政治定位，從此改變「逢中必反」的思想窠臼。

這是民進黨的政治變化，也是破除民進黨「恐共」政治疑慮的新契機。中共當局更應深切體認民進黨的政治調整氛圍已經逐漸醞釀成形，但不必急於要求改變或施加壓力，強迫民進黨必須「一步到位」，解決或面對「一中框架」與「台獨黨綱」的根本問題，反而更須思考面對與民進黨的交流互動模式，可以採取更積極且多元的往來途徑，共同「搭橋」促成民、共的正常互動與交流對話，共同促成兩岸和平發展的政治新局。

謝長廷是開路先鋒，賴清德與陳菊是政治側翼，民、共交流的政治新局開啓後，接下來就看民進黨九場華山會議與中國事務委員會在年底前端出的「兩岸大餐」政治成效究竟如何了?不用操之過急，也毋須抱太大的期望，但總會有「五味雜陳」的政治訊息可以順勢操作與搭橋。

中共當局應該把握民進黨「穩中求進」的政治善意與「積極交流」的政治企圖，順勢讓此民、共交流的「政治骨牌」產生根本性影響，讓蘇貞昌與蔡英文兩位準總統候選人體認大勢所趨的民意與黨意政治力量，採取與中積極「交流」與「對話」的新政治方向，改變民進黨的舊有政治思維與心態，努力促成民、共對話政治障礙的排除及解套。我們相信，兩岸和平發展新局將是「水到渠成」的結果，其他障礙的排除就只是時間問題而已！

二〇一三・八・二十二

5 民、共智庫交流的作用與影響

中共十八屆三中全會催生了「國家安全委員會」的設立，顯示大陸對台工作與情報已提升到「國家安全戰略」層次的新思維，反觀台灣的內部情況，不是馬、王政爭何時落幕、食用油摻假的食安問題繼續延燒，就是民進黨九合一選舉內部初選的家務事，絲毫感受不到台灣針對大陸對台新情勢變化有何因應的政治氛圍。顯然，國民黨與民進黨這對政治雙胞胎，眼前根本無心也無力對兩岸可能的新變局採取積極主動的面對與處理，雙方都聚焦於各自黨內權力爭鬥的政治競爭，而忽視了大陸對台工作的新發展。

事實上，從今（二〇一三）年十月份上海和平論壇召開，爲兩岸的政治對話新局設定了主軸議題，同時也對紅、藍、綠的政治互動產生了新的影響。畢竟，由台獨大老辜寬敏所成立的新台灣智庫已經順利登陸，由前行政院副院長吳榮義領軍「協辦」並參與了這場首屆兩岸和平論壇。其政治象徵意義，是民進黨的外圍智庫可以積極與中國大陸展開多元且深入的交流與互動，民、共的互動交流從謝長廷的香港紅、綠合辦論壇，到新台灣智庫的登陸協辦論壇，已經產生了根本性的政治變化，台灣的兩岸話語權不再總是由國民黨完全獨攬、掌控，民進黨除了黨際交流層次還無法克服之外，已經可以順藤摸瓜，運用外圍本土智庫及黨中央的新境界基金會智庫，與中共當局展開各種多元層次的對話與溝通。

據瞭解，此次新台灣智庫的登陸，其主要負責人吳榮義在登陸前是有分別與黨內的「兩個太陽」蘇貞昌、蔡英文事先溝通，取得樂觀其成的政治默契後才順利成行。顯然蘇、蔡兩人未來無論誰當黨主席，也都各可以用新境界智庫或其自己所屬基金會名義與中國大陸交流與互動，倘若他們有意在未來某個「關鍵時刻」藉此登陸交流或參訪，其政治障礙並不太高，政治操作可行性也相當地大，若能加以順勢操作，或者在華山會議的總結報告提出相應、且較為善意友中的政治建議，必將對未來的民、共交流產生正面的回應及效果。

倘若未來民進黨黨主席能夠用新境界基金會董事長的名義率團登陸交流，民、共互動新局產生新的發展與變化，則民進黨不僅能夠藉此交流而多元、廣泛且深入了解大陸領導當局與對台系統的政治思維，同時，也能逐步化解中國大陸對民進黨的「不放心」政治心態，相對而言，台灣民眾也能夠對民進黨的重返執政產生更大的信賴感，這對未來的兩岸交流與發展絕對有相當大的正面幫助。

儘管以民進黨內目前的主流政治氛圍還停留在「恐中」、「反中」，但至少對兩岸交流的發展是從消極排斥轉變爲積極開放，其對中政策也會因此產生更務實中性的漸進發展。倘若民、共交流能從個別黨內人士的單純交流互動經驗，轉化爲「智庫對智庫」的全面性交流與互動，民、共兩黨的領導人也能順勢碰面，多多交流、廣泛溝通，我們相信，這對未來兩岸開啓政治對話大門，積極促進兩岸和平發展的共同目標，應該是有其根本性的作用與影響。

民進黨即將完成九場對中政策擴大會議，提出總結報告，明（二〇一四）年一月的中國事務委員會將對此做成總結報告，倘若能進一步提出更多對中政策的政治共識或形成新的決議文建議，並採取積極開放民、共交流政治策略開展民、共智庫的交流與對話機會，則兩岸未來很多的政治難題自然可解。如果民進黨還拘泥於傳統冷戰時期的對中政治思維，視中國大陸爲洪水猛獸，不敢大幅調整對中政策與策略，恐怕民進黨縱使再度執政也是只會重蹈覆轍，難以長期執政了。

二〇一三・十一・二十六

6 解開民、共交流僵局 奠定兩岸和平發展基石

兩岸關係和平發展的政治情勢，縱使是民進黨再次執政，幾乎也是很難發生逆轉，不是因爲民進黨會爲了重返執政而放棄了台獨黨綱或修改正常國家決議文，兩岸前景會一片光明，而是近年來兩岸關係的穩中求進所鋪墊的政治基石改變了主客觀情勢，讓兩岸人民肯定並信任唯有如此，才有和平，才有互利雙贏，而這正是台灣政經社會發展目前或未來不可或缺的動力泉源。

台灣朝野長期以來的政治惡鬥，讓台灣的經濟與社會發展陷入空轉，競爭力逐漸下降。此時，對岸的中國大陸卻急速竄起成爲左右全球大局的政經強國，在此消彼長的「比較優勢」下，台灣不僅已經難以突破對中國大陸的經濟依存，就連台灣社會的民心也發生逐漸向中靠攏的微妙變化。儘管因爲對中國大陸的民主、人權與文明價值程度尚難加以認同，對「台灣認同」也遠比對「中國認同」高的很多，但台灣社會的確也比以前較不排斥中國大陸的所作與所爲。

因爲中國大陸的確在變，而且是用「和平」在改變台灣，是用「自信與進取」在改變台灣的民心。然而，大陸當局或許因此以爲兩岸政治對話與談判的時機與政治氛圍已經逐漸成熟，「兩岸同屬一個國家」的政治定位關係已經可以推動促成。其實不然，在台灣大多數民衆迄今還是把中國大陸當成另一個可能比美、日關係還遠的國家看待，兩岸「特殊關係」的未來演變與發展，不該被設定在「一中框架」中加以界定，兩岸的政治談判才能啓動。

同樣地，對於「和平協議」的問題，或許大陸涉台部門的專家學者有人主張要有「不排除統一的指向」，意味著「和平協議」在政治象徵意義上是等同於統一的「中程協議」，但在台灣多數民衆的心理並無法接受這種內容的和平協議。倘若明年在台灣召開的「兩岸和平論壇」完全複製上海首屆和平論壇的模式與內容，把「一中框架」與「統一指向」做爲兩岸政治對話的核心內容，恐怕就會如當年的「一甲子論壇」一樣，被台灣不分藍綠的兩岸專家與學者再度潑冷水，大陸涉台專家乘興而來，敗興而歸。

因此，體察台灣民心、掌握台灣的政經社會脈動，就兩岸關係和平發展「實事求是」務實以對，才是正道。一旦誤判兩岸政治情勢，不管是紅或藍、綠政黨都極有可能因爲冒進或無知，讓兩岸關係發展產生重大的波折與逆轉，兩岸主政者都應用「同理心」的角度，來化解兩岸的政經社會差異與歧見，兩岸的融合契機才能眞正的到來。

所以，個人認爲，爲了拉近兩岸的距離，首先必須誠實面對國、民、共的政治失衡關係，強化民、共的往來互動與交流，以民、共智庫的交流與互訪打開雙方的政治僵局；其次，民進黨必須正視民、共政治僵局的困境，嘗試在具體的兩岸政策主張與黨的綱領性文件上做出善意的調整，例如在服貿協議立院審查以及用憲政共識做爲兩岸政治對話的基礎，讓大陸當局感受到民進黨的正式誠意；最後，民、共關係要能正常化，大陸當局應在不設定前提與條件的情況下，正式邀請民進黨黨主席到中國大陸訪問與交流，既能因此培養雙方的感情認同以增強互信基礎，也能讓大陸領導人更加認識台灣、瞭解台灣，讓民進黨的領導人因此更加瞭解中國大陸。

兩岸關係發展要拋棄冷戰敵對思維，最重要的關鍵在於「人」的往來、溝通、交流與情感，兩岸人民與國、共關係目前已經能夠自由往來互動，欠缺的是民進黨與共產黨正常化的往來與交流而已。我們相信，倘若民、共之間能夠強化人與人之間的往來互動與情感交流，則彼此許多的誤解與敵意便能有效化解，則兩岸政治關係的正常化與開啓，勢必水到渠成，屆時，兩岸融合的契機便能眞正到來，這才是兩岸和平發展不會產生逆轉最大的保障。

二〇一三・十一・二十八

7 張志軍訪台（一）：藉由溝工之旅創造政治價值

大陸國台辦主任張志軍即將來台訪問，是件大事，不是因為他訪台期間會不會跟民進黨主席蔡英文「不設任何前提」碰面，也不是因為他訪台期間剛好在立法院臨時會審查自經區特別條例的朝野激戰對立時刻，是否會引發更多難以預料的政治火花問題，當然，也不在於是否為馬習會預先鋪路的政治聯想與揣測！

眞正重要的政治重點，應該是兩岸關係發展從此進入官方的正常往來互動模式，雙方是否會藉此建立官方對話與溝通的正式平台，直接面對兩岸的政治分歧與政治難題，為兩岸開啓政治對話與談判鋪設新的政治基石？

因此，該重視的政治方向，除了張志軍訪台對台灣民眾的政治承受程度與政治衝擊外，更應該觀察兩岸關係發展究竟因此產生何種變化？對於兩岸政治關係如何合情合理安排的政治方案會不會陸續出爐？以及大陸對台政策是否會有新的變化？

事實上，中共總書記習近平上台後，不論對台使用的語言跟其以往的領導人有所不同，「兩岸一家親」的溫情喊話基調，與「追求中華民族偉大復興」中國夢的宏觀政治情懷，試圖拉近兩岸人民的距離與隔閡，同時也在對台政策思維上展現新的領導風格與視野。習近平在對台人事系統上，納入更多瞭解台灣政治情勢發展的舊屬幹部直接「上呈」對台訊息，以多元管道掌握對台的有關資訊及情報，在對台策略上改變以往過度偏重或偏聽國民黨及其系統的建言，逐步擴大與民進黨人士的互動溝通與往來交流。因此，對於太陽花學運對兩岸關係發展的影響及衝擊方面，習近平也開始擺脫原有涉台系統的舊有政治思維與立場，願意用更加務實開放的心態與思維，來定調並反思對台政策的可能盲點與缺失，以免因為偏聽與誤判而造成兩岸之間更大的對立與衝突。

顯然，張志軍主任的訪台，不再只是濃厚的對台政治統戰宣傳，也不再只是偏重與國民黨重要官員及政商權貴的杯觥交錯，從北到南更著重於與基層民眾的互動及溝通，也開始與民進黨地方執政縣市首長如高雄市長陳菊展開禮貌性的回訪與善意互動，其目的就是要了解台灣、貼近台灣百姓的眞實聲音，並藉此調整其對台政策的方向與落差。

由此可見，這是習近平對台思維與策略的重要觀察方向，是否可以因此讓大陸當局更加瞭解並體會台灣當前所面臨的政經社會問題，以及台灣人民對兩岸關係發展的憂心與疑慮？

絕對不是用「和平讓利」或「中國情懷」的方法便能拉近雙方「認同」上的落差，便能夠因此解決雙方的認知差異與政治歧見！

因而，張志軍主任的訪台，勢必會到處可見台聯或公民社會團體「如影隨形」的政治嗆聲，在台灣民主多元社會，這是正常的政治現象，不用因此感到憂心或難過，畢竟，兩岸之間的確還有政治文化的差異與政治情結的糾葛必須面對或抒發。

然而，兩岸關係的推動與發展如何藉由張志軍主任的「溝通之旅」，逐漸建構出拉近雙方距離與消除雙方隔閡的具體互動模式，並藉此發展雙方融合互動的政治互信積累正常過程與基礎，打造一個兩岸政治關係可以正常化開展的新局面。我們相信，這才是張志軍主任訪台可以創造的政治機遇與價值，也才是貫徹其領導人習近平新思維與新格局的必要方法及途徑。

二〇一四·六·十六

8 張志軍訪台(二)：民、共交流的歷史性一大步

由於民進黨蔡英文主席「不設任何前提要件」、願意會見張志軍主任的善意表態，以及黨中央表示不會發動黨員與基層群眾到場抗議的政治態度，大陸國台辦主任張志軍的訪台行程得以順利進行。過程中雖有台聯、公投盟以及黑島青、民主青學運領袖發動的群眾抗議表達台灣不同的聲音及發生零星衝突，造成張主任臨時取消高雄前鎮漁港、台中霧峰林家花園與鹿港天后宮的參訪行程而稍有遺憾，但此具歷史意義的訪台「溝通之旅」，的確對兩岸關係和平發展的推動，創造新的政治氛圍與轉折契機。不僅藉此達成確立兩岸事務首長定期互訪的常態性聯繫機制，爲兩岸未來的政治對話開啓鋪設政治基石，同時，也讓大陸涉台系統與官員更能夠眞實貼近台灣基層的聲音，與體驗台灣民主多元社會的生活價値及政治差異，這是很好的開始，也是兩岸公民社會必須學習理解對方、相互尊重並拉近彼此距離與認同差距的政治發展契機。

張志軍與陳菊的二度會面，因爲碰面地點是在台灣，尤其是在綠營執政大本盤的高雄市，對雙方而言都是彌足珍貴的政治經驗與突破，政治象徵意義遠大於會談的內容。畢竟這是民、共交流互動的歷史性一大步，雖還未達黨際交流關係正常化的政治境界，但的確就像蔡英文所言，是「走出狹隘的國、共兩黨互動，促進兩岸彼此更廣泛了解的重要起步」，希望未來兩岸之間能有更多不設政治前提、跨越黨派、跨越不同階層的良性互動。

「張菊會」的政治價值，意味著民、共之間的交流互動可以雙方各取所需累積政治互信的動能，可以積極往前邁進提升層次廣泛交流，既能改變外界對民進黨「逢中必反」的政治印象，也能有效扭轉外界普遍認知的中共政治統戰宣傳的刻板印象與觀感。當然，對未來民、共的交流互動，也必然會有更加寬廣的政治空間與機會可以具體規劃、操作及布局。

中國人民大學台港澳研究中心教授黃嘉樹，在北京社科院台研究舉行的首屆「兩岸智庫學術論壇」中表示，兩岸紅、藍、綠三方在兩岸關係中各有堅持，他提出「第三主體」概念，要三方都有所妥協，即「綠營棄獨，藍營追求有條件統一，大陸有條件棄武」，換句話說，就是在兩岸兩個公權力外，再建構同時代表兩岸主權的「第三主體」，外界解讀這是大陸學者版的「大一中架構」。

其實，就黃嘉樹的新論點而言，這是嘗試爲兩岸政治僵局尋求各方讓步妥協的解決方案之一，雖還未見大陸官方有所默許或表態，但的確是抓住紅、藍、綠根本問題的核心關鍵，不失爲可以審愼評估研究且務實看待的「合情合理安排」。兩岸主其事者倘若都能認眞思考並嚴肅面對自己的政治難題，而且又能有誠意各退一步來謀求嶄新的政治共識可行方案，則兩岸關係的發展必有大幅躍進的嶄新局面。

從張志軍訪台的「溝通與傾聽之旅」，拉近了兩岸情感距離及認知差距，也開啓了民、共交流互動的政治新模式，到大陸涉台重量級教授黃嘉樹提出了「第三主體」新概念的政治嘗試，試圖爲兩岸關係的發展找出化解歧見與僵局的政治共識基礎，這都是大陸領導當局展現「兩岸一家親」大國風範精神的政治新突破。而民進黨主席蔡英文能夠展現政治智慧與勇氣，調整對中交流的敵意心態轉化爲友善進取的態度，並具體承擔黨內反中政治勢力的可能壓力。

這顯示出，兩岸關係發展並不是只能原地踏步，民、共交流互動也不再只是鐵板一塊難有新的突破；我們更相信，只要兩岸之間願意用誠意化解敵意、消除歧見並相互尊重彼此的差異與價值觀，則兩岸關係發展就沒有解不開的結，化解不開的政治難題，這是相當好的兩岸發展契機，大家應該共同努力攜手合作，爲兩岸創造新的和平發展局面。

二〇一四・六・三十

9 張志軍訪台(三)：以「同理心」求同尊異、求同化異

最近，民、共的交流互動關係起了微妙的變化，台南市長賴清德登陸交流雖短暫引發「台灣前途由誰決定」的政治爭議及火花，但張志軍主任的訪台行程還是刻意安排與民進黨政治領袖高雄市長陳菊的會面交流。而蔡英文主席除了正面肯定「菊張會」的政治價值外，也以「走出狹隘的國、共兩黨互動，促進兩岸彼此更廣泛了解的重要起步」定調張的訪台行程意義，爲未來的民、共交流關係，預留更寬廣的務實互動開放空間。這是兩岸和平發展新局的政治突破，同時也意味著民、共關係的發展，將會有撥雲見日、漸入佳境的更上層樓局面產生，並未因爲太陽花學運的政治衝擊造成形勢逆轉、兩岸關係發展嚴重倒退的政治局面。

迥異於五年多前大陸海協會會長陳雲林首次訪台行程的遍地烽火，民進黨中央此次不發動群眾抗議張志軍主任訪台的理性務實態度，展現對中交流的高度善意與誠意，大陸當局應該能夠深刻體會其中的政治差別，與民進黨試圖扭轉外界「逢中必反」的政治勇氣與決心。

民進黨不是不願意與中國大陸積極交流，也絕對不會刻意製造兩岸關係發展的政治障礙，只是還必須顧及台灣主流民意的政治氛圍，以及民進黨基層支持群眾長期「反中」、「仇中」、「恐中」的政治心態。既需要有時間與空間來疏解民怨、引導民意，當然更需要大陸當局改變對台政治統戰宣傳心態與作爲，願意以「同理心」傾聽、理解並且尊重台灣多元民主社會的眞實聲音以資配合，這才是兩岸關係發展必走的政治融合道路，也是拉近兩岸社會認同與差異該面對、處理的正確方法。

兩岸關係走到今天，民進黨應該清楚認知並理解民、共交流與正常化關係的建立，是民進黨獲取台灣多數人民信任執政的重要關鍵，而大陸當局也能正確理解民、共對立政治僵局未解，兩岸開啓政治對話甚至進行政治談判的條件及機會根本難臻成熟，兩岸關係和平發展的種種努力與用心，都可能會因特定意外事件的衝擊而付之一炬。

因此，打開民、共對話與對立僵局，建立民、共關係的正常化，應該是兩岸關係發展目前相當重要且迫切的政治課題，張志軍主任訪台的交流經驗恰好就是解開民、共政治死結的機會之窗，是雙方領導當局刻意營造和解與善意氛圍所共同努力的成果，應該共同好好珍惜這歷史性的一大步，掌握歷史機遇並同心開創此兩岸關係發展的政治大局。

調整對台統戰宣傳策略並拉近兩岸情感與政治認知差異，以同理心看待台灣眞實的民意與聲音，尋求雙方求同尊異、求同化異的最大政治公約數，以舖墊兩岸的政治共識厚實基礎，是兩岸主政者必須共同承擔、共同面對的歷史責任，兩岸紅、藍、綠的領導菁英是該拋棄政治成見，誠心面對兩岸難題與困局，引導兩岸人民化解心結、拉近距離、消除歧見與仇恨，共同創造兩岸和平發展的新局。

二〇一四・七・四

10 「押寶說」的政治警訊！

蔡英文主席上任後，延攬對兩岸關係發展具務實開放色彩立場的趙天麟立委擔任中國事務部主任，與邱太三前陸委會副主委接任黨副祕書長兼新境界基金會副執行長，負責兩岸政策發展的規劃及執行，頗受外界好評，認爲這是蔡英文準備務實調整對中政策的一步好棋。

隨後不久，蔡英文對大陸國台辦主任張志軍的訪台伸出橄欖枝，不僅表達不排除雙方會面的可能性，也特意在張志軍訪台之際，要求民進黨黨員與黨公職不要如影隨形發動抗議行動，展現積極善意與理性自制的對中態度，讓民、共關係的政治互動往前邁進一大步。

然而，隨著民進黨年底九合一的選舉情勢看好度水漲船高，民進黨即將召開全代會前夕，蔡英文主席接受天下雜誌專訪表示，「針對兩岸關係，中國最怕『押錯寶』，只要民進黨打好二〇一四的九合一選舉，連中國都會朝民進黨方向來調整，她有信心，兩岸關係不會因爲政黨輪替受到影響。」隨後，對於黨內凍獨的爭議，蔡英文也刻意表示，「隨著台灣民主化，建構深厚台灣意識，認同台灣、堅持獨立自主的價值，已成年輕世代的天然成分，這樣的事實，這樣的狀態，如何去凍結？如何去廢除？」其等同封殺凍獨案的立場完全表露無遺，難怪全代會隔天，大陸國台辦也不得不立即予以回應表示，台獨是沒有出路的，想以所謂的「台灣前途決議文」來處理兩岸關係也是行不通的，民進黨只有放棄「一邊一國」的台獨主張，才是順乎民意的正確抉擇。

顯然，蔡英文「押寶說」與「台獨天然成分說」的政治論調，的確直接挑動了大陸當局的政治敏感神經，原本蔡英文上任後所展現的對中善意態度及立場，至此已經產生了微妙的政治變化。似乎有點志得意滿的蔡英文，在淺嚐民、共關係「甜頭」之後又立即回防台獨基本路線的政治價值，試圖用兩手策略討好兩邊並進行恐怖平衡的政治操作，以爲兩岸關係發展的政治脈動與主軸方向都能因此化被動爲主動，完全操之在己，不受他人任意所干預或加以左右。

殊不知，兩岸關係發展已經不再是誰押對、押錯的政治賭注問題，而是要有「同理心」、「換位思考」共同解決問題、化解歧見的誠意與態度問題，否則只會淪爲雙方「政治博弈」的輸贏與不理性的情緒反應問題，蔡英文的押寶說法已是過時老舊的錯估形勢政治誤判，是冷戰時期兩岸關係政經環境思維模式的政治產物，恐怕很難跟得上二〇〇八年以後兩岸關係發展新情勢的變化，大陸當局已經有足夠的自信心面對台灣未來新政局的可能變化而不怕押錯寶，更不擔心民進黨可能的重返執政。大陸眞正擔心的是，民進黨執政後會把台灣帶到那裡去？會不會因爲台獨黨綱的繼續存在，破壞了兩岸關係和平發展的大局！

大陸涉台系統對蔡英文可能當選二〇一六的總統已有心理上的準備，因此，對蔡英文的兩岸政策發展路線也有所期待，縱使目前其所提出的政治論調有點刺耳，但還是不願意因此就對蔡有所定性、定調或直接予以點名批判，希望讓蔡英文有更大的彈性務實性空間，展現對中善意的態度與立場。可是，也絕非意味著大陸當局會因爲民進黨的可能重返執政而改變或調整其反台獨的根本立場，當然，也不會爲了迎合或討好蔡英文便配合接受其兩岸智庫交流與城市交流的政治時程規劃與布局。

日前，民進黨智庫、新境界基金會第一次董事會召開，蔡英文改選後成爲董事長，而接任智庫執行長的林全則表示，智庫做爲一個政策交流平台，希望跟各界交流，當然也希望跟對岸交流，但交流是雙方的事，必須是對方也要有意願，這不是主觀期待就能完成，也要未來客觀情勢的改變，基金會對智庫交流採取樂觀而開放的態度。顯然，目前的兩岸智庫交流規劃似乎發生了問題，不再如外界所預期般的順利、樂觀，民進黨雖然表達了樂觀開放的態度，但是大陸方面好像轉爲保守被動的局面。據了解，這是大陸涉台系統對蔡英文最近保守且略帶刺激的政治論調有所回應所致，他們認爲這是傷害雙方政治互信的不友善動作，如果此時對民、共智庫交流採取開放的作爲，會讓外界誤以爲大陸當局可以「忍受」或「默許」蔡英文的刺激言論，因此，大陸當局有必要放慢腳步對蔡英文「聽其言，觀其行」，目前的民、共智庫交流規劃也只能「停看聽」，等待後續的發展再做定奪。

兩岸關係發展進入深水區，民、共關係發展進入觀望期，目前的確難以營造好的政治氛圍可以打開彼此對立的政治僵局。「馬習會」的機會雖然看似渺茫，但國、共雙方還在做最後的努力，試圖解開各自的政治設限與條件；民、共智庫交流原本是水到渠成的政治發展趨勢，但由於民進黨最近對選情與政治情勢發展過度樂觀，忽略了對岸可以忍受的政治限度，導致民、共關係的發展產生急速降溫的政治波折與障礙，這都是兩岸主其事者必須警覺的政治現象與氛圍。如何突破各自的政治困境？如何各自導正自己的政治盲點與瓶頸，以更宏觀的視野與格局來看待兩岸和平發展的大局與趨勢？值得進一度觀察之。

二〇一四・八・十八

第四章

民、共交鋒的微妙變化

兩岸的和平穩定發展，應是彼此人民的共同心願。
從「台北會談」、大陸「平潭會議」的民共交鋒，可以體會雙方變化微妙的契機。
真心誠意、化異求同，應是形成「共識因子」的關鍵所在。

1 「台北會談」的政治感想！

一場跨越紅、藍、綠政治光譜的「台北會談」，讓未來兩岸關係的發展與動向產生新的微妙變化，與會的專家學者雖然盡情揮灑發表兩岸認同與互信的多元觀點，也嘗試著找出尋求兩岸政治對話與共識的可能方向與出路，但最大的交集點則是大家願意不分政治立場與政黨屬性，平心靜氣坐下來理性討論兩岸關係的現況與歷史機遇，尋求「求同存異」、「聚同化異」的政治對話共識機會，讓兩岸的和平發展擺脫舊有政治窠臼的束縛，邁向互利雙贏的嶄新局面。

民進黨政策會執行長、前陸委會主委吳釗燮在台北會談閉幕致詞時，指出「十八大後中國政策的重點轉移到兩岸統一前政治架構等，讓統一成為無可逆轉的架構，以及統一為唯一選項的終局安排。要推動這些政治議題會遭遇極大的阻力，阻力的來源，是台灣人民對中國意圖的高度不信任，而不在於一中原則、九二共識，以及憲法各表、一中三憲、一國兩區或兩岸一國等符號」問題，其實正點出了兩岸目前的根本問題所在，試圖以「一中框架」與「統一」爲唯一選項的北京立場與觀點，縱使高舉著「中華民族」認同的政治大旗，強調兩岸不可分割的文化、歷史與血統關係，仍然無法讓台灣的多數人民所接受。這不是大陸對台灣讓了多少利的問題，也不是大陸能否與國民黨對「一個中國原則」達成多少的共識，抑或與民進黨若要解開政治對話僵局、建構民、共正常往來政治關係該如何處理的問題？最終還是必須回到台灣人民對中國大陸的「信任問題」。

換句話說，中國大陸是否能夠因爲改革開放的努力，讓民主、人權與和平的普世價值眞正在大陸生根茁壯，讓兩岸人民的生活方式、價値觀與文明程度漸趨一致的問題，這才是兩岸認同與互信的最根本問題，此障礙若不排除，兩岸的政治對話與統合空間就必然更形壓縮，所謂的兩岸終止敵對狀態、建立軍事安全互信機制與和平協議也只是「引君入甕」的政治迷思！

因此，高舉民族大義，強化中華民族的政治認同，對台灣認同採取排他性的政治策略與布局，其實是適得其反的謬誤思考，更會激化台灣民心的反彈與憤怒；以「一中框架」的政治設限，壓縮台灣的政治選擇機會與國際發展空間，縱使在短暫期間可以讓台灣的執政當局爲了「經濟利益」而被迫讓步，但也只是讓台灣人民更加厭惡中國大陸的「政治霸凌」老大心態與作爲，更難讓台灣人民加以信服。這對兩岸關係和平發展的政治前景，毋寧是讓人更加憂心忡忡，更難有正面且樂觀的期待。

大陸國台辦副主任孫亞夫在台北會談的閉幕致詞時表示，兩岸在相互定位上，還有發展，有些問題是需要解決的，當然還是要進行討論，很關鍵的就是討論時不要預設前提，可以通過政治對話來解決，有學者現在開始討論，他覺得是一件很好的事情。意味著，目前大陸當局對兩岸未來政治關係如何「合情、合理安排」？是處在一個「可以探討」的局面，未來是必須透過兩岸的政治對話與談判來形成共識，「一中框架」雖是大陸當局所謂設定的前提定位，但對於「一中框架」的內涵、範圍以及詮釋，則是可以藉由兩岸政治對話與談判來加以決定。

然而，問題是，目前國、共兩黨對於「一中框架」確實存有政治歧見，而民、共與民、國之間對「一中框架」也完全沒有政治交集，倘若兩岸未來的政治對話與談判都必須在「一中框架」的基礎上去處理彼此的具體政策與議題內容，恐怕還沒對話與談判就已吵翻天，難有進一步的具體進展，這對兩岸好不容易創造的和平發展政治氛圍是有很大的破壞效果，兩岸關係發展說不定因此而不進反退！

我們認爲，兩岸問題的關鍵在於中國大陸能否展現大國風範與誠意，拿出可以讓台灣願意更進一步發展融合關係的政治誘因，其中最具體的作爲是讓台灣人民看到中國大陸有朝向「文明國家」發展的政治希望與曙光，是兩岸可以建造「文明共同體」的政治融合發展契機。否則單用「一中框架」或「九二共識」的政治圖騰想要讓台灣與中國大陸進入政治對話與談判，並藉此解決兩岸政治關係的新定位，恐怕還是事倍功半的漫長遙遠之路吧！

二〇一二・十二・十三

2 兩岸政治關係「共識因子」的形成

馬政府上台四年多以來，雖然在兩岸交流方面獲得積極性地進展，但台灣人民對「中國認同」卻愈來愈低。很多人都認爲這是李登輝與陳水扁前總統執政時期大搞「本土認同」與「台灣人認同」而導致「去中國化」的結果所影響，所以目前兩岸的執政當局便嘗試用「中華民族」的認同去取代「台灣認同」，用「九二共識」去深化兩岸交流，而中國大陸方面則進一步想藉由「兩岸同屬一個國家」的「一中框架」來界定兩岸的政治關係與交流的規範定位。

其實，所謂的「本土認同」或「台灣人認同」的台灣意識，是出於自然的天性，而不是人爲政治操作的結果，是在台灣土地上關愛人民、土地、歷史與文化的生活價值與信仰所凝聚而成的主體意識，未必就會因此排斥中華文化或中華民族的認同，或必然因而發展爲「台獨意識」！北京當局應該不用過度擔心，甚至想要介入台灣的「認同問題」，反而應該讓兩岸和平發展的交流與融合自然形成「認同台灣」就是「認同中華」的價值觀，以建構未來兩岸的「文明共同體」。

個人曾主張：「九二共識是有其歷史價值，也有其階段性、功能性與侷限性的時代性意義，但不該承載過多的政治宣傳與政治任務。北京當局必須深刻體認台灣的民情與民心，打開民、共交流互動的管道，找出未來可以讓國、民、共三黨都可接受的新政治共識，才能根本解決台灣問題。」

兩岸執政當局各說各話、虛同實異的「九二共識」是兩岸事務性協商的基礎，也成爲中共十八大報告的正式文件內容，但它畢竟還存在有國、共「擱置爭議」、「求同存異」的模糊界限灰色地帶，「一中各表」或「一中原則」的政治歧見與爭議迄今也沒有消除，更不要說民進黨還不承認有「九二共識」的存在，貿然把它當作兩岸對話協商與政治談判的前提或藉此引伸爲「一中框架」的說法，恐怕也是相當有問題的政治定位與認知！

因此，未來如何在兩岸各自不預設政治前提的情況下，發展兩岸政治對話與協商的「共識因子」才是根本的重點。個人認爲，爲了增進兩岸的政治認同與強化互信，北京當局應該展現「大國」的政治格局與自信心，以「同理心」肯定台灣認同的政治價值，並積極創造與「中華認同」或「中國認同」相聯結的「文明價值」，而不是用「中國認同」來消滅或取代台灣認同；北京當局也不需用「九二共識」或「一中框架」作爲兩岸政治對話與談判的前提要件，反而應該先去正視、面對事實存在的「中華民國」，給一個定位，給一個「合情合理」的說法，才能正確處理「一中框架」的政治爭議與歧見，並以此爲基礎去合情合理安排兩岸政治關係的定位問題。

在台灣大多數人民目前大都不認同「兩岸同屬一個國家」的客觀情勢下，北京當局力推的「一中框架」更難獲得多數的認同。個人大膽推測台灣內部朝野黨派應該會在二〇一六大選前對「中華民國」的定義達成某種程度的政治共識，屆時，兩岸關係勢必便要面對「如何處理中華民國與中華人民共和國的政治關係問題」。這都是兩岸終須面對的政治攤牌，也是台灣內部最有可能達成共識的「政治公約數」，或可作爲兩岸開啓政治對話與協商的「共識因子」，北京當局是該認眞考量、評估如何面對的問題了！

二〇一二・十二・十八

3 從「平潭會議」看民進黨的兩岸困局

中共國台辦海研中心在三月二十二日於福建平潭召開「穩步推進、全面發展」的兩岸論壇，紅、藍、綠專家學者與中共涉台官員齊聚一堂，共同探討兩岸關係和平發展的政策思維，據了解，國台辦甫上任的主任張志軍將出席研討會，與兩岸四地的各路人馬展開接觸、交流與對話，這是中共十八大與兩會後「習李體制」的對台政策新方向，究竟會產生何種政治火花與新的兩岸思路，各界正密切觀察與解讀。

其實，對於民進黨而言，這是近身觀察、瞭解中國大陸兩岸政策新定位與對台主管官員新思維與新風格的好時機。民進黨應該積極努力去創造各種與中共主管部門相互接觸、溝通與交流的機會及條件，理應是派遣黨中央中國事務部或新境界基金會的幹部與會。然而，民進黨似乎有所忌憚，擺明了就是寧願當「缺席者」，徒然放棄了民、共交流與對話的政治良機。

民進黨天王謝長廷其實對兩岸關係發展的政治視野與格局有其獨特的卓見，他一方面以其維新基金會的名義選派謝敏捷、朱政騏與蔡沐霖三位兩岸幕僚參加會議，另一方面則在其主持的廣播節目時表示，「研究兩岸問題應該要直接與對岸交流」，除了暗諷民進黨中央並沒有派人參加的保守思維外，更爲其將在五、六月份舉辦有關兩岸具體政策新方向的「兩岸研討會」熱身與鋪墊，希望由他主導並帶動民、共對話的新發展契機，爲兩岸關係的和平發展帶來新的政治曙光。

事實上，今年（二〇一三）台灣因爲沒有選舉，所以兩岸關係「穩中求進」的現況不會受到選舉因素或朝野惡鬥的干擾與牽連，這是民進黨比較可以展現大格局思維與中共展開政治對話與交流的轉型契機，也比較容易取得民、共對話政治僵局有所突破的機會。民進黨原本可以讓主張開放、交流與對話路線的黨公職及政治天王謝長廷、陳菊、賴清德等人積極登陸訪問，也可以各種方式或途徑，邀訪大陸涉台官員與專家學者到台灣來與民進黨進行交流與對話，這絕對會讓台灣民眾對民進黨沒有處理兩岸事務執政能力的舊有印象與信賴感產生正面改觀的幫助，也同時對兩岸關係新局面的突破與開展帶來臨門一腳的新政治契機。

可惜的是，故步自封、逢中必反的民進黨領導班底不僅錯失了「平潭會談」的正常交流機會，而讓謝長廷的政治人馬獨領風騷，同時，也讓民進黨原本可以更進一步瞭解並掌握大陸涉台新人事與新政策方向與思維的機會就此錯過，更令人徒歎奈何！

民進黨何時才能走出自己的兩岸政治困境？看起來，「路途還很遙遠、漫長」，這已不是重返執政「最後一哩路」的問題而已，而是民進黨縱使能夠再度執政也很難「長期執政」的政治危機，民進黨政治天王與從政菁英的「反中」敵對心態是該好好檢討與反省了。

二〇一三．三．二十

4 「平潭會議」的政治火花

上任第五天便參加福建平潭舉行的「第十一屆兩岸關係研討會」的中共國台辦主任張志軍，在會議致詞時表示，「我們鼓勵兩岸學術機構和有識之士就解決兩岸的這些問題（指的是政治難題）展開對話，包括適時舉辦兩岸和平論壇，以集思廣義、凝聚共識，促進社會各界關注與思考，爲將來進行政治協商逐步創造條件。」

對此，民進黨立即發出新聞稿回擊表示，民進黨向來鼓勵兩岸民間的各項交流，但眞正的民間交流應該是來自兩岸公民社會底層的自主需求，超越黨派、無拘無束，不受兩岸各種政治勢力的控制，民進黨鼓勵這種眞正的交流。但如果是背後有政治勢力在操控，卻假民間交流之名而行，對兩岸關係的良性發展毫無幫助。

言下之意，民進黨似乎認爲張志軍提出兩岸民間學術機構舉辦「兩岸和平論壇」的說法，是中共背後政治勢力在操控的假民間交流學術活動，根本無助於兩岸關係的良性發展。

事實上，從筆者個人去年至今所參加的六場兩岸交流學術活動經驗，與會學者早就有很多人提出「兩岸和平論壇」的構想，甚至去（二〇一二）年三月雲南騰沖的兩岸研討會中出席的前立委高育仁，更直接在會議演講時表示，「兩岸應成立和平委員會來處理兩岸的政治問題。」

顯然，無論是兩岸和平論壇的倡議，或是更具積極政治衝擊效應的兩岸和平委員會的政治構想，原本就是兩岸民間學術交流會議中所腦力激盪創造出來的「自發性」政治主張，其背後未必是任何政治勢力操控所致，也未必要從這個角度去做政治的解讀，民進黨因爲從未積極主動派遣代表參加這些兩岸交流會議，所以，常發生從媒體報導的二手傳播「過度解讀」中共涉台政策的發言或主張，也就不足爲奇了。

兩岸關係的良性發展，首重交流與對話，是透過各種多元模式的直接接觸與交流，來對兩岸主政者的政策方向與政治思維脈絡做各種「政治判讀」，以因應兩岸關係發展的可能方向與變局。這是任何從事兩岸問題工作或研究者，必須努力創造機會與條件的「基礎工程」，也是負責兩岸政策處理的兩岸各大政黨必須積極面對掌握的政治工作。

一直以來，中共當局以「反對台獨」爲由拒絕與民進黨展開政治交流與互動，僅能接受與個別民進黨人士接觸與交流，導致中共對台事務少了民進黨這個政治拼圖的「缺角」，不僅對民進黨的瞭解容易產生偏差，連帶地，對民進黨的大陸政策思維與方向也常產生誤判或疑慮，誤以爲民進黨完全是一個死抱「台獨黨綱」的保守政黨。惡性循環的結果，不僅民、共的政治疏離感更加濃厚，同時民、共交流與對話的政治障礙也是愈堆愈高，這對兩岸關係的和平發展絕對是一個「致命的傷害」，也是增添阻力與傷害雙方政治互信的政治發展，倘若哪一天民進黨能夠「重返執政」，兩岸關係的發展便有劇烈變動的可能性，不利於兩岸關係發展的正常化與穩定性。

同樣地，對於民進黨而言，因爲欠缺與中共的直接接觸與往來對話，對大陸涉台部門的政治主張或談話內容也常常產生過度解讀的政治窘境，容易發生誤判或升高「敵意螺旋」的狀態，這是民進黨的政治盲點與瓶頸，顯示出民進黨「知中能力」不足的缺憾，也證明民進黨的確有處理兩岸事務能力不足的政治隱憂，這是民進黨重返執政的重要政治罩門，也是台灣人民不放心、不信任讓民進黨當家做主的主要因素。

因此，兩岸必須積極展開交流與對話，民、共之間更必須撤除不必要的對話障礙與心結，以發展正常的交流與對話關係。大陸毋須也不必要再以「反台獨」或「認同一個中國」做爲與民進黨交流與對話的「前提要件」，民進黨也不用擔心、害怕被中共分化、統戰，而不敢正式面對與大陸涉台部門的交流與對話機會，縱使哪一天有「兩岸和平論壇」的舉辦或召開，也應積極選派代表與會，表達民進黨與台灣人民的想法與心聲。也唯有如此，兩岸關係發展才能眞正走向正常化，兩岸交流與對話也才能眞正走上積極且正面發展的新政治里程碑。

二〇一三・三・二十六

5 「平潭會議」的觀察與省思：破解兩岸政治難題的根本方法

被中國大陸定位為兩岸交流合作先行區的「平潭綜合實驗區」，在歷經三年多來投入一千億元人民幣的大規模、高密度建設，已經從福建省的一個小漁村蛻變為具現代化、國際化的綜合實驗區，目前平潭已經基本具備了開放發展和兩岸對接的條件。

當然，大陸中央台辦海研中心在今（二〇一三）年三月下旬於平潭舉行的第十一屆兩岸關係研討會，邀請兩岸四地的一百二十多位專家學者齊聚一堂，共同研討「穩步推進、全面發展」的兩岸現況與未來目標，展現大格局的兩岸交流與對話政治視野，擘劃出兩岸關係發展的新政治圖像與新願景，為「兩岸和平論壇」的催生奠定基礎條件與機會。這是一場跨越紅、藍、綠政治色彩的兩岸四地「交流會」，兩岸關係的和平發展積極往前邁進了一大步。

新上任的中共台辦、國台辦主任張志軍在研討會中致詞表示，「過去五年，是兩岸交流成果最豐碩、兩岸民眾得利最多、兩岸內耗最少、兩岸關係發展最迅速的時期，這為我們兩岸攜手應對各種外部風險和挑戰創造了十分有利的條件。兩岸關係如同逆水行舟，不進則退；『穩步推進』，意味著要在全面把握兩岸關係總體形勢及其趨勢中爭取新的發展，意味著要加強兩岸各領域交流合作的制度建設，意味著要努力提高兩岸交流合作的質量和效益；『全面發展』，是指兩岸關係各個領域各個方面的進展應當相輔相成、相得益彰，努力實現全面協調的可持續發展。」

張志軍並進一步表示，兩岸關係中還存在著一些難題，同時，這些問題非常複雜，解決起來不容易，而要解決兩岸政治問題必須從三方面加以著手，一是要正視這些問題，不應有人為設置的禁區；二是要積極思考，努力探尋解決之道；三是要先易後難、循序漸進，逐步累積共識。他並指出，當前，由兩岸民間開始對話，是一條可行途徑，由兩岸智庫共同召開和平論壇進行研討，也是一個很好的倡議，也表示他們鼓勵兩岸學術機構和有識之士就解決兩岸間的這些問題展開對話，包括適時舉辦兩岸和平論壇，以集思廣義、凝聚共識，促進社會各界關注與思考，為將來進行政治商談逐步創造條件。

事實上，張志軍的致詞內容，與筆者個人與會前事先提供的出席發言提綱內容重點，亦有異曲同工之處。個人主張「兩岸發係和平發展的主軸與基調」包括維穩的兩岸大發展、大交流與大和平、持續推動兩岸經貿交流、文化交流的重點工作、先經後政的發展策略、先民後官的兩岸政治接觸與對話，以及全面促進紅、藍、綠的正常交流與政治關係等五大面向，而要處理並解決兩岸關係的政治難題與途徑，則必須從台灣朝野政黨建立兩岸政策定位與發展的對話與溝通管道、中共正面處理「中華民國」事實存在的定位問題、建立國、民、共三黨政治對話與溝通平台、中共正式對外宣告放棄對台使用武力的可能性、中共積極處理與民進黨的交流及對話關係並不以「反台獨」做為交流前提與條件、強化台灣認同與中國認同的連結關係，以及正確處理兩岸共同發展的價值認同差異等七大層面著手解決，則兩岸關係的和平發展的推進才能全面發展、徹底解決。當然，張志軍在會中提到的「兩岸和平論壇」構想，也應以這五大面向與七大層面的相關問題爲核心議題共同研討，才能眞正面對兩岸政治難題，找到新的政治思路與方法來解決問題。

因此，就具體可行的發展策略來看，台灣內部必須用超黨派的「台灣論壇」或「國是會議」的方式，對兩岸政策定位找到眞正的「台灣共識」，才能凝聚朝野共識，以開展兩岸政治對話與協商談判的政治縱深與空間，最後終能處理並解決「兩岸政治關係」的定位與安排。中共當局則可以從與國民黨的對話基礎上，發展民、共交流互動與往來對話的政治關係及政治平台，並藉由「兩岸政黨論壇」或「兩岸和平論壇」的模式，正面探討並處理「中華民國」事實存在的政治與法律問題。最後，兩岸應全面合作促成兩岸人民往來、交流人爲設置障礙的鬆綁與消除，拉近兩岸人民生活方法與價值觀的發展，讓兩岸人民認同「兩岸共同家園」的價值與理念，進而共同擘劃出兩岸政治融合的新願景與新藍圖。

當然，要解決兩岸關係發展的政治難題與困局並不是一廂情願、一蹴可幾的，必須兩岸當局與朝野黨派。拋棄政治成見與敵意共同面對。國民黨必須捨棄執政優勢的政治傲慢，不以政黨私利與選舉利益，迴避與民進黨共同面對處理兩岸政策定位、凝聚政治共識的問題。民進黨則必須割捨「逢中必反」的敵意心態，與中國大陸展開互動交流與對話，解決兩岸事務處理能力不足的政治瓶頸與缺憾。而共產黨則必須展現「大國」的政治風範與格局，不要再用「反台獨」爲藉口，拒絕與民進黨建立正常往來交流的「政治關係」，也不要再迴避「承諾不對台使用武力」以及「對中華民國的定位給一個說法」的根本問題，以徹底消除兩岸政治對話的難題與條件。

兩岸平潭會議的政治火花，不在於張志軍「兩岸和平論壇」的說法，是否是民進黨所言的「背後有政治勢力在操控，卻假民間交流之名而行」的反中思維，而是「兩岸和平論壇」的倡議與推動目的究竟是什麼?其對兩岸和平發展的政治價值與引導方向，到底只是在爲「和平促統」做政治鋪墊，或者是眞的想爲未來兩岸的永久和平找到解決的方法與途徑?中共當局其實更應深入理解兩岸關係發展的政治盲點與困境，兩岸政治難題的破除，關鍵問題在於「台灣的民心」，在於中國大陸民主、人權、法治與生活價值觀，目前仍然無法與台灣社會「對接」與「融合」，這不是可以藉由「兩岸政黨論壇」或「兩岸和平論壇」的政治對話模式，便能加以正確處哩，也不是靠政治統戰、經濟讓利與更多兩岸協議的簽訂便能加以解決。

從爭取「台灣民心」的角度出發，中共當局應該正視「中華民國」存在的事實，並公開承諾不對台使用武力，這根本不需要藉由兩岸簽定終止敵對狀態與和平協議的政治協商途徑便可達成，只要中共當局願意在台灣國際發展空間上做出讓步，以「台灣或中華民國加入聯合國」的方式換取「兩岸同屬一個中國」或「兩岸同屬一個中華」的兩岸和平宣言，並在宣言中正式承諾「不對台使用武力」，則兩岸的和平發展與融合水到渠成，兩岸「未來一個中國」的兩岸夢自然實現，兩岸的民心自然連結在一起，還何愁中華民族的偉大復興不能重現於國際舞台呢？

兩岸「人爲設置的禁區」必須勇敢拆除民、共對話與交流的不必要限制，民進黨雖然容易「逢中必反」，但對民、共的交流與對話並不排斥，近年來也比較能夠重視兩岸交流的政治與社會價值。因此，中共當局既然能夠歡迎謝長廷到大陸訪問與交流，也能在兩岸平潭會議中「開門」歡迎謝長廷維新基金會的三名代表與美麗島電子報的核心作家登陸與會，與齊聚一堂的中共涉台官員與專家學者共同探討解決兩岸政治對話的難題，則何妨不能夠更敞開大門歡迎民進黨正式派代表與會共同研討呢？「反台獨」是中共當局與民進黨正式交流的「前提要件」，但也是「人為設置的禁區與障礙」，大陸不能迴避與擁有台灣四十五％選票民意基礎的民進黨進行交流與對話，才能眞正「全面發展」有效爭取台灣的民心。因此，去除「反台獨」的政治障礙而與民進黨正式展開交流與對話，更應該是中共當局首要的任務與課題，這也是「兩岸和平論壇」舉行時應該完成的重要工作。我們相信，唯有正確認識兩岸政治難題，撤除兩岸政黨交流與對話的政治障礙與人為禁區，徹底根除「對台使用武力」的可能性，兩岸人民的自然融合乃屬必然，則兩岸政治難題的困境自然迎刃而解，兩岸「共同家園」的實現也只會是時間的問題而已！

二〇一三・四・一

6 正視中華民國存在以解決台獨黨綱問題

經歷太陽花學運反服貿運動後，中共中央總書記習近平在會見親民黨主席宋楚瑜時，提出了大陸對台政策的「四個不會」原則，指出推動兩岸關係和平發展的方針政策不會改變，促進兩岸交流合作、互利共贏的務實舉措不會改變，團結台灣同胞共同奮鬥的熱情不會減弱，制止台獨分裂圖謀的堅持意志不會動搖。

這是中共領導人繼「連習會」與太陽花學運後所最新定調的對台政策基調，顯然習近平還是秉持「兩岸一家親」的宏觀格局，來推動兩岸關係和平發展的主流價值，並沒有因爲台灣內部的反服貿社會運動爭議，而改變或翻轉其對台政策的核心思維，更把兩岸關係的發展寄希望於台灣人民。

顯然，大陸當局至少已經能夠充分理解台灣社會，包括年輕學子爲什麼會反服貿的背景與動機，突破以往較爲僵化的政治思維習性，重新認識與理解台灣的主流民意與走向，不以

「反中」、「仇中」的心態來看待這場學運的訴求主張與思維價值，反而更能清楚掌握台灣社會對馬政府的不信任，與年輕學生對未來兩岸經濟競爭的不安疑慮及不確定的威脅，是此次太陽花學運形成的主要因素。這是一個好的開始，也是大陸當局未來在擬定對台政策時，必須深刻體認的政治現實環境，不該因爲馬政府的錯誤政治操作，反而造成兩岸關係發展產生更大的政治障礙，也不要因爲台灣內部的政治爭議而產生錯誤解讀或政治誤判的結果。

「愛與和平基金會」在台北舉行的兩岸關係論壇中，應邀與會的廈門大學台灣研究院院長劉國深表示，「我們沒有理由對兩岸關係和平發展的前景產生悲觀的態度，中國人首先講『情』，兩岸之間一定要堅持最基本的感情，就是兩岸之間要互相彼此包容，彼此肯定欣賞、鼓勵對方，彼此了解對方」。同時與會的中國社科院台研所所長周志懷則表示，紅綠之間如何實現和解有四個重點，包括交流決定和解，主流民意決定和解，道路決定和解與互信決定和解，總體而言，民、共之間要和解，還有一段很長很長的路要走，還需要付出努力。

事實上，大陸涉台系統兩位相當重量級的學術領袖劉國深與周志懷，已經傳達大陸當局的重要政治訊息。中共對兩岸關係的發展前景，因爲其領導人「兩岸一家親」與「兩岸共圓中華民族偉大復興的中國夢」的民族情懷，是不會因爲中間產生的政治波折或政治轉折而有所動搖。

兩岸需要和解，民、共之間更需要和解，唯有彼此互相包容、相互欣賞與鼓勵、相互理解與尊重，才能化解彼此的政治隔閡與距離；大陸當局不會因為服貿協議在台灣內部所引發的政治爭議而對兩岸發展前景產生悲觀的看法，也不會因為民、共要和解的道路還很漫長便放棄民、共和解的立場與想法。顯然劉國深與周志懷還是傾向於用「兩岸情」解開兩岸與民、共之間的政治隔閡與心結，用兩岸交流合作與互利共贏的方法來打開兩岸政治僵局與對立，其中更重視民、共關係和解的努力。

寄希望於台灣人民的大陸當局，現階段的工作重點，其實更是「寄希望於民進黨」，是希望即將上任的民進黨主席蔡英文，能夠抓住歷史機遇，開展與大陸的互動交流及和解，並以「民、共關係正常化」，作為實現兩岸一家親政治目標為開端，而棄獨則是中共與民進黨和解的重要方法與政治途徑。

事實上，大陸當局單方面的要求民進黨能夠棄獨或凍獨以進行民、共的和解，是相當不切實際的想法，對蔡英文而言，也是強人所難的政治喊話。民進黨是該面對台獨黨綱如何處理的問題，但民進黨必須審慎評估棄獨或凍獨，可能因此造成黨的內訌與分裂的政治代價，除非大陸當局能夠提供或創造民進黨不會因此產生內部分裂的政治理由與台階，否則，民、共和解的政治障礙當然難以消除，兩岸和平發展的大局還是阻礙重重！

從陳水扁前總統執政時期推動正名制憲與一邊一國的政治經驗與教訓來看，民進黨目前的政治領袖與主流政治菁英，其實也深切體認「台獨做不到就是做不到」的政治現實，再加上國際現實環境的政治制約，民進黨也相當清楚當年通過的台獨黨綱，如今已情勢變更只能當做「神主牌」來供奉。但是，由於大陸當局不斷地打壓「台獨」，讓台獨「口號」逐漸轉化成爲捍衛台灣民主與保護台灣安全的政治基石，導致民、共關係難以正常化開展，兩岸政治僵局與對立關係也難加以破解，不利於兩岸和平發展局勢推動。

因此，個人認爲，要解決此兩岸政治困境，要消除台獨問題所造成的兩岸政治和解與對話的政治障礙，大陸當局應該展現「大國風範」，共同努力拆解此政治難題，以正視「中華民國事實存在」的政治誠意，化解開啓兩岸政治對話的根本問題，要求民進黨徹底放棄台獨黨綱，讓民進黨可以順勢完成棄獨或凍獨的政治束縛，概括承認與中國大陸領土及主權相連結的中華民國憲法體制，重新作出符合兩岸和平發展情勢的新決議文，以開啓民、共對話往來的正常關係。我們相信，這才是大陸領導人期待的所謂「共圓中華民族偉大復興」的宏觀視野，所能展現的「兩岸一家親」政治格局應有的新思維，也是兩岸和平發展掃除政治障礙的重要策略與方法。

二〇一四・五・十九

7 拆除民、共政治壁壘 共創以人為本的兩岸未來

台灣民意的主流發展趨勢，原本就不是兩岸統一或獨立的爭議如何終局決定解決的問題，而是如何通過雙方的積極交流與合作互動以營造兩岸政經社會文化的融合，拉近兩岸人民的生活方式、價值觀與文明認知的差異，共同創造中華民族偉大復興的「兩岸夢」，以建構新型態的政治融合典範，體現「以人爲本」的生存價值與幸福願景。

因此，無論台灣年底九合一選舉的結果藍綠政治版圖如何消長變化，或者是二〇一六的立委與總統大選是否政黨輪替，都改變不了兩岸關係和平發展與交流合作的大趨勢。北京當局也不應因爲藍綠政治版圖的可能變化，或民進黨的可能重返執政而翻轉兩岸關係發展的潮流與趨勢，反而更應因爲可能的換黨執政，積極促進與台灣另一半的政治選民展開新政治對話與消弭歧見的政治契機。

做爲「老大哥」的中國大陸，具有對台發展上的政治、經濟與國際外交「比較優勢」，

應該展現其所謂「兩岸一家親」的寬廣格局與胸襟，全面開放對台的經貿合作布局，並揚棄「以商逼政」的傳統對抗政治思維，創造兩岸共榮互利的新經濟時代，帶動兩岸經濟融合的新動能。

無論是兩岸服貿協議，或者是兩岸貨貿協議，從談判的角度來看，總是有得有失的利益取捨衡量問題，在雙方主政者官僚體制用盡心思的折衝計算之下，受到衝擊或犧牲的產業勢必最後都會把帳算在政府身上，這對台灣民主多元的自由社會政治體制必然會產生很多意想不到的民粹反撲情緒及政治衝擊。「反中」價值觀的醞釀蓄積或者聚沙成塔，抑或只是煙花乍現，終歸只是成為兩岸和平發展大局進程中的一段「小波瀾」。

太陽花學運成功阻撓了兩岸服貿協議的立院審查進度，但卻撼動不了兩岸關係發展的趨勢與潮流；重創兩岸政治互信基礎的張顯耀洩密風波，雖然嚴重打擊了台灣的兩岸談判團隊士氣與信心，但也同時激發兩岸主政者「追求穩定」大於一切的政治決心，共同促成中斷了十一個月的兩岸貨貿協議恢復談判。

顯然，在中、韓即將簽訂自由貿易協定的時程壓力下，兩岸服貿與貨貿協議，不論是立法審查的作業或者是進行談判的時效進度，都已呈現緩不濟急的政治窘境，對岸的中國大陸正以逸待勞的等待台灣當局因其產業競爭危機所可能產生的談判底限鬆動結果，對兩岸貨貿協議談判內容、項目與幅度進行退讓；同時，也間接逼迫民進黨在服貿協議的立法審查技術杯葛的政治力度必須有所調整或鬆動，否則，可能會在今年底的九合一選舉或二〇一六的總統大選中再嚐敗績。

其實，在「兩岸一家親」的戰略發展格局下，深化兩岸的經貿合作與交流是促成兩岸政治融合的根本因素，大陸當局不該拿其經濟與外交上的「比較優勢」對台進行分化與施壓，造成台灣民心的政治畏懼或「反中」情結發酵。其中，兩岸服貿或貨貿協議的處理，更不能用國際經貿談判的輸贏思維模式來看待，也不能只著眼於對台政治統戰的效益衡量，來評估開放的產業內容、項目與幅度，而是應該用兩岸特殊關係的「國民待遇」精神，來正視處理兩岸的差異與競爭態勢，才能讓台灣多數百姓認同並支持中國大陸的對台「回饋」行爲。

因此，大陸當局應該拋棄對台傳統思維的敵我意識，應該割捨兩岸經貿合作談判的得失精算考慮，重新正確處理對台服貿與貨貿的開放策略，全盤接收台灣各大產業的需求內容與項目，先行對台進行沒有貿易障礙的開放政策，讓兩岸的經貿合作達成「準國民待遇」的標準，以消除台灣民衆及可能受到波及影響的各大產業疑慮。屆時，兩岸再進行服貿與貨貿協議的談判，促成台灣內部逐步開放大陸的產品輸入台灣，讓兩岸的經貿合作正常化以解決兩岸的政治、經濟融合問題。

台灣原本就是淺碟型經濟市場，與大陸經濟發展市場緊密合作已勢不可擋，但爲了消弭台灣被大陸經濟併吞的政治疑慮，大陸當局應該有信心也有能力面對對台先開放服貿與貨貿的內部衝擊，而毋須太計較此先行開放政策的經濟利害得失，才能眞正創造兩岸互利雙贏的新政治局面，或許這才是能眞正解決兩岸服貿與貨貿爭議與衍生政治效應的兩岸和平發展大計。

雖然，九合一選舉無關兩岸議題，但長期以來，民進黨最爲外界詬病的政治罩門就是兩岸問題，倘若民進黨能夠拋開「逢中必反」的政治情結，一方面在立法院加速審查自經條例、兩岸協議監督條例與兩岸服務貿易協議，儘早完成立法工作，以因應中、韓自由貿易FTA的簽署衝擊，另一方面則對外宣示，將強化民、共對話與兩岸戰略對話及合作交流的機制、功能，民進黨執政縣市在選後願意共同由直轄市長與縣市長領軍率團赴大陸進行中央及地方交流、對話，並進行城市交流與合作，全面創造兩岸互利雙贏的產業合作發展機制及運作模式，以塑造民進黨並未反中、反商的新政治氣象，再配合未來黨中央新境界基金會智庫的登陸交流及對話，建構民、共互動模式與新契機。我們相信，以行動代替論述的善意對中交流政策一旦啓動，兩岸很多的政治歧見與問題就能逐一化解，民進黨也能眞正蛻變重生成為讓人民可以信賴執政的政黨。

蔡英文在出席「美國重返亞洲與亞太區域安全國際研討會」時表示，「在兩岸關係整體上，民進黨願面對兩岸長期存在的歧見，為積極尋求兩岸爭議的化解之道，民進黨會以堅定、務實、穩健的步伐，努力和對岸建立全新的互動及溝通模式，以實踐和平穩定發展的兩岸互動關係。」這是一個好的開始，意味著蔡英文對民進黨與兩岸關係的發展是有相當務實理性的開放思維，是想要真正解決兩岸長期存在的歧見以化解對立與衝突，但缺乏展現積極行動力的政治動能與誠意，必須藉由具體行動的政治宣示來獲得支持與信任，否則，根本很難讓人感受到民進黨真的已經在調整、在改變的努力！

大陸當局雖然持續保持對台灣選舉的關注，但已經有較多的自信心不再那麼在意台灣選舉的結果，與藍綠政治實力消長的變化。他們真正更關心的是台灣各大黨派與社會各界對中國大陸的政策與看法，是否因為選舉有何變化及發展？並因而適時回應或調整策略，以處理兩岸和平發展的政策規劃與方向。台灣的九合一選舉，雖然無關兩岸，卻是對兩岸關係發展有重大且深遠影響的政治變化，蔡英文能否藉由這場選舉「改變台灣」、「改變民進黨」？能否帶動民進黨對中政策的突破與轉型？或許可能因而讓大陸當局對民進黨重新改觀，也或許可以因此改變選舉的結果，但更重要的是台灣能否因而走出政治困局與經濟難題，重拾台灣人民的希望與信心？

總之，兩岸關係發展前景的關鍵，說的明白直接一點，就是台灣民心向背的問題。北京當局能否以「準國民待遇精神」正確處理兩岸深化經貿交流與合作的基石，消除雙方的經濟障礙與壁壘？民進黨能否揚棄「反中價值觀」，消弭對中態度的敵意，強化雙方積極交流並展開互動合作的政治互信積累？都是影響台灣民心與民意走向的一大關鍵因素，這才是兩岸能否從交流走向合作，從經濟合作走向政治融合的重要關鍵契機，才是兩岸能否共創「文明價值共同體」該有的努力方向。

二〇一四・九・十八

8 如何追求兩岸同胞心靈契合的國家統一？

最近，中共總書記習近平重申「和平統一、一國兩制」是解決台灣問題的基本方針，他並強調「我們所追求的國家統一不僅是形式上的統一，更重要的是兩岸同胞的心靈契合」。外界雖有各種不同政治動機的解讀，台灣內部也有不同的政治看法與評價，但至少是不管台灣選舉情勢與結果如何變化，大陸當局還是「鮮明表達堅持國家統一、反對台獨分裂的堅定意志和決心」，是戰略清晰的國家原則與立場，不會因為民進黨倘若重返執政而有所動搖或改變，間接否定了蔡英文主席日前所謂「押寶說」的看法。

然而，「追求兩岸同胞心靈契合的國家統一」，應該要以拉近兩岸生活習慣、生活方式與文明價值觀的差距為努力目標。「一國兩制」的政治設計在台灣目前是普遍不受歡迎的政治主張，此時，習近平的老調重調或許是有其政治需要與政治特殊考量，但卻容易引起台灣民眾的反感與質疑，未必有利於「追求兩岸同胞的心靈契合」，也對台灣民眾對中國大陸的政治認同產生負面的衝擊與影響，應該思考更具多元且包容的「合情合理」政治方案來加以解決。

未來兩岸要更前進推動和平發展關係，必須處理面對民、共政治關係的建立，以消除雙方長期積累的政治敵意與歧見，而民、共關係要解凍則必須從深化交流、積極對話與漸進合作開始。因此，大陸當局是該放開心胸與格局，歡迎民進黨的智庫與執政縣市長登陸交流，甚至合作舉辦各種多元議題的論壇，以化解雙方的政治敵意並強化雙方的政治互信基礎；民進黨主政者也應展現對中的政治善意與誠意，加速審查通過兩岸服貿協議、兩岸協議監督條例與自經區特別條例的立法工作，共同創造有利於兩岸關係和平發展的政治條件與基礎，並且能夠積極推動民、共交流，消除黨內的「反中價值觀」與「逢中必反」的政治敵意。唯有如此，民、共互動往來關係才能正常化發展，「兩岸一家親」的政治理想才能有機會加以達成。

總之，我們認爲，兩岸關係的和平發展，不在於國、共之間的「馬習會」能否舉行的問題，也不在於民、共之間的統獨政治爭議，是否有達成雙方讓步的共識形成機會，而是台灣民心向背的民意走向問題。兩岸同胞的心靈契合，是要從拉近兩岸人民的生活習慣、生活方式與文明價值觀作起，才能讓兩岸人民共同打造中華民族偉大復興的「兩岸夢」，不會因爲政治的波瀾或政黨的輪替而破壞兩岸關係發展的大趨勢與潮流。

二〇一四・十・三

9 中共運用法律手段反獨促統的政治警訊！

中共十八屆四中全會發布「中共中央關於全面推進依法治國若干重大問題的決定」，其中關於台灣部分則強調，「運用法律手段捍衛一個中國原則、反對台獨，增進維護一個中國框架的共同認知，推進祖國和平統一」，雖僅是中共對台政治立場與目標的再次重申，但其背後則似乎隱含透露對兩岸關係和平發展的脈動及進程有所擔憂，試圖藉由「運用法律手段」，來處理一個中國原則與反對台獨的問題，等同於拉高政治層次準備用「法律規範」的方法，來增進維護一個中國框架的共同認知，以推進兩岸的和平統一。

盱衡近來兩岸關係的發展情勢，從台灣爆發太陽花學運的反服貿黑箱作業、張顯耀洩密事件風波，到頂新食安風暴的牽連影響，兩岸關係發展局勢雖未發生逆轉，但台灣內部的公民意識逐漸抬頭，恐共、反中的政治疑慮不斷加深，再加上兩岸政商權貴買辦政治的傳聞此仆彼起，兩岸彼此之間薄弱的政治信任關係幾已接近瀕臨破裂邊緣。

倘若兩岸關係的「國際因素」再起波瀾，東海、南海與釣魚台的政治爭端因為美、日與中國的大國博弈而捲入台海問題，恐怕台灣就更難完全置身事外不受牽連。屆時，台灣朝野黨派又因面臨二〇一六的立委與總統大選政治競爭，操弄民粹試圖影響選情的突發事故又難以避免，兩岸「敵意螺旋」隨時可能不斷升高，相當不利於兩岸關係和平發展大局的穩定與掌握，這對瀕臨破裂邊緣的兩岸政治信任關係，無疑就是雪上加霜的致命打擊。

國、共關係的發展近來也頗不順暢，從年初的「王張會」、「連習會」後，原本期待藉由上半年立法院順利審查完成兩岸服貿協議與兩岸兩會互設辦事處的協商，以舖陳十一月亞太經合會領袖高峰會（即APEC會議）的「馬習會」。然而，因為太陽花學運的發生影響立法院的服貿協議審查，預定於四月份登台回訪的大陸國台辦主任張志軍，延至六月下旬才能順利訪台，建立兩岸事務首長定期聯繫溝通機制，然而，「王張會」期間又突發抗議學生的潑漆事件而縮短訪台行程，大陸當局對馬政府沒有魄力、沒有擔當的「遇事無能、處事不力」政治心態頗有微詞，其後不久，又爆發張顯耀共諜洩密疑雲風波，加深了兩岸主其事者之間的不信任與緊張關係，APEC「馬習會」的政治溝通與布局因而陷入了各不退讓、各自喊話的對立僵局。

九月下旬爆發香港占中運動，馬政府藉機對中共政權大吃「民主豆腐」，不僅「說三道四」絲毫不留顏面給大陸當局，以回應習近平接見台灣統派團體高調宣示的「和平統一、一國兩制」政治主張及基調，十月下旬又發生台灣國安單位「策反」陸生探聽大陸軍情的台諜事件，以及修法禁止台灣高官赴大陸進修拿學位的動作。顯而易見的是，國、共關係不只是進入了相互觀望的「戰術調整期」，而且已經因爲APEC「馬習會」的破局而進入了相互對峙的「冰凍期」，即將在APEC會議所進行的「習蕭會」與「王張會」不僅沒有亮點可言，恐怕也只能淪爲一場「相敬如冰」的政治表演秀場，各彈各調、各取所需的政治遊戲而已！

其實，民、共關係發展也是如此，大陸當局原本寄望「蘇下蔡上」的新政治格局，可以找到民、共關係解凍的最後一哩路政治途徑，蔡英文主席上台後的新人事布局，大膽啓用對中路線持開放態度的邱太三與趙天麟，分別擔任民進黨副祕書長兼智庫副執行長及中國事務部主任的職位，試圖努力解開民、共之間進行積極交流的政治僵局。其後，卻因爲對「凍獨案」的處理過程，蔡英文主席講出了「押寶說」與台獨意識是年輕世代的「天然成份說」，造成大陸當局內部的強烈反彈，雖未直接點名批判，但也對蔡英文的政治期待轉爲失望。民、共關係發展急轉直下，民進黨原本想推動的民、共智庫交流面臨擱淺局面，就連民進黨打算推派兩岸事務主管幕僚參加在大陸舉辦的兩岸論壇或座談會的事也因大陸當局不肯放行而告吹，民、共關係發展又再度回到原點，民、共積極交流的政治曙光又再次幻滅！

面對兩岸情勢再起波瀾的客觀形勢，大陸當局爲因應台灣內部政治情勢的可能變化與發展，在此時機重申「和平統一、一國兩制」並宣示「運用法律手段捍衛一個中國原則、反對台獨」，其實是在緊縮台灣的政治發展空間，爲國、民兩黨劃上不可逾越的政治紅線，且不排除以二〇〇五年三月通過的「反分裂國家法」爲基礎，推出更具有法律強制力與制裁效果的立法行動，以避免台灣內部因爲誤判情勢而造成難以收拾的政治局面。

總之，兩岸關係和平發展大局似乎已經產生微妙的變化，大陸對台政策的反獨促統動作，隨著台灣政治變天的可能性增高而愈發明顯，台灣朝野黨派如何因應「硬的更硬」的大陸當局對台政策政治基調？如何在美、中政治博弈的國際競賽中保持平衡的角色，以免成爲被犧牲的政治棋子或工具？台灣內部是否有警覺兩岸關係發展目前形勢嚴峻的政治氛圍而有所因應的準備？是該好好想想了！

二〇一四・十一・三

10 箭在弦上的民、共政治衝突危機

大陸國台辦主任張志軍在出席「兩岸農漁業座談交流會」後表示，兩岸二〇〇八年來各領域，包括地方、城市間的交流都發展不錯，主要就是有「九二共識」這個政治基礎；而「九二共識」就像一個錨，牢牢抓住兩岸關係這艘大船，因此大陸希望台灣內部無論發生什麼變化，包括地方城市等交流都能繼續下去，並持續推進兩岸關係和平發展進程。

顯然，張志軍的「九二共識」論調是說給民進黨聽的，希望民進黨能往九二共識方向靠攏，則兩岸地方與城市交流才能繼續發展下去。問題是，民進黨黨內主流意見並不認同或接受九二共識，正恢復召開的兩岸政策決策機制中國事務委員會可能也不會直接面對九二共識的政治難題，以民進黨目前執政的十三個直轄市與縣市政府又將如何與大陸城市進行交流呢？大陸當局是否可能不以九二共識作為與民進黨執政縣市進行城市交流的政治前提要件呢？

令外界感到疑惑的是，爲什麼以前民進黨執政縣市，包括高雄市長陳菊、台南市長賴清德等人赴大陸進行城市交流，都不曾發生要以九二共識作爲前提要件的情況，如今卻好像情勢丕變，大陸當局開始設下九二共識的政治柵欄，讓兩岸城市交流的大門半掩，等待民進黨是否調整對中政等的開放與轉型？問題到底出在那裡呢？

其實，會讓大陸當局思索考慮與民進黨的城市交流與政治互動關係產生緊縮冷卻變化的問題，主要還是因爲民進黨很可能在二〇一六重返執政，大陸當局與台灣要打交道的政治對象不再是國民黨而是民進黨，因此，必須對民進黨採取「戰略清晰」、「堅壁清野」的政治態度來加以面對，不能像從前把民進黨當作在野黨，希望運用城市交流去逐漸改變民進黨的對中政治態度與政治氛圍。

尤其，去（二〇一四）年台灣爆發太陽花抗爭學運，台灣內部反中情緒逐漸升高，再加上連勝文參選台北市長所產生的兩岸政商權貴買辦政治的爭議，更造成兩岸關係發展產生新的疑慮及挑戰，大陸當局必須嚴肅面對台灣內部主客觀政治情勢的變化，以因應民進黨可能重返執政的兩岸新變局。

民進黨主席蔡英文去（二〇一四）年年中曾表示，九合一大選如果勝利，大陸當局就會往民進黨方向靠攏，此話一出，當時的確相當程度刺痛了大陸領導當局的敏感神經，再加上隨後蔡英文的「台獨是年輕世代的天然成分」說法更引發大陸涉台系統的強烈反彈，不僅讓大陸當局迅速擱置民、共智庫交流的計畫，同時，也讓大陸方面對蔡英文的兩岸政策主張幾乎定調為「頑劣的台獨份子」，影響了往後民、共政治互動關係的發展，就連民進黨執政縣市與大陸的城市交流活動也因此遭受部分波及，交流的政治層次只能往下。

九合一大選民進黨的空前勝利，其實是讓大陸當局更加「嚴陣以待」面對未來台灣政局的變化與兩岸關係發展，張志軍「九二共識是兩岸發展的錨」說法正是衝著民進黨而來的政治喊話，直接衝擊著未來一年的民、共城市交流與政治互動關係，正考驗著民進黨的政治智慧與格局，能否重返執政、穩定執政的「兩岸問題」政治海嘯已經提早到來！

民進黨中國事務委員會應該認清兩岸政治情勢的發展變化，對民、共正在發生的新政治僵局思考新的政治策略，這已經不是二〇一四對中政治紀要所主張的「積極交流」層次的問題，而是直指政治核心議題「九二共識」與「一中原則」該如何面對處理的問題！大陸當局目前暫時擱置的民、共智庫交流與可能降低交往層次的城市交流，只是暴風雨之前的寧靜「小菜」，接下來，為了面對二〇一六可能的政黨輪替，對台國際外交空間的進一步緊縮，兩岸經貿交流與旅遊觀光交流的政治策略調整等等，都是可以預期的到的對台政經緊縮可能方向，或許就連「軟的更軟，硬的更硬」的政治策略也可能只剩下「硬的更硬」的政治基調也說不一定。這是兩岸關係和平發展大局正在發生的新情勢變化，準備執政的民進黨是否眞的準備好了？是否眞的可以看到大陸當局隨時準備迎接新挑戰的對台政治反撲而做好因應策略呢？

個人認爲，兩岸關係發展不應再發生政治誤判的政治衝突危機，也不應再有九六年中共導彈危機的戰爭邊緣政治風險，如何避免這些可能的政治問題再度發生，以確保兩岸關係和平發展的政治果實，民進黨是該理性面對台獨黨綱與九二共識問題。民進黨如何創造雙方都可接受或忍受的新對中政策主張，整合台獨黨綱、台灣前途決議文與正常國家決議文往中華民國憲法的國家定位去做調整，並重新架構「未來一中」的政治統合新模式，才是可能的解決途徑與方法，否則，我們眞不願意看到歷史再度重演，兩岸關係發展再度陷入劍拔弩張的對立衝突局面。

二〇一五・一・二十一

11 從大陸終戰閱兵看到民進黨微妙的政治變化

中共中央總書記、國家主席習近平在中國人民抗日戰爭暨世界反法西斯戰爭七十周年紀念大會與閱兵典禮上發表談話。他強調：「戰爭是一面鏡子，能夠讓人更好認識和平的珍貴；爲了和平，我們要牢固人類命運共同體意識，偏見和歧視、仇恨和戰爭，只會帶來災難和痛苦，相互尊重、平等相處、和平發展、共同繁榮，才是人間正道。世界各國應該共同維護以聯合國憲章宗旨和原則爲核心的國際秩序和國際體系，積極構建以合作共贏爲核心的新型國際關係，共同推進世界和平與發展的崇高事業。」

這是習近平作爲國家領導人，展現中國追求世界和平與牢固人類命運共同體意識的政治目標與企圖，應該給予高度的支持與肯定！希望未來兩岸關係的和平發展也應該在此正確的政治道路上加以積極推動，共同努力實現中華民族的偉大復興，讓兩岸人民都能共享世界和平的政治成果。

其實，兩岸目前雖然對於對日抗戰的史實有不同詮釋的政治觀點與立場，但「以史爲鑑」的目的不是在於翻舊帳以釐清「誰才是對日抗戰的主角？」，而是應該著重在「終戰」與「和平」的政治價值往前看，兩岸應該以此追求和平的共同理念來消弭雙方的敵意及歧見，爲華人社會打造一個值得令人感到驕傲與光榮的「理想模範」！

長期以來，兩岸由於人民生活習性與文明價值觀的根本差異與距離，造成許許多多相互存在的偏見與歧見，讓兩岸關係的發展與融合增添了很多的政治障礙，「兩岸一家親」的政治追求因此難以獲得積極的推動及落實。然而，兩岸源遠流長的文化、歷史與同文同種的血脈關係是客觀事實，不應該因爲短暫時期的政治變動與隔閡予以抹煞，也不能因爲分分合合的政治意識型態作祟而強加扭曲，兩岸最後終歸必須正視現實、化解歧見，共同處理未來的政治定位與關係。

珍惜和平、維護和平是人類普世的價值，習近平在展現國力與國威的閱兵之際，宣布裁軍三十萬，以具體行動向國際宣示追求世界和平的決心，是相當難得的政治作爲，應該予以高度的政治評價。然而，以台灣角度的觀點來看，中國大陸其實應該以更積極的政治作爲，對外宣示放棄對台使用武力並撤除對台導彈，則必然會讓台灣人民眞心體會感受大陸當局追求兩岸和平發展的決心，加速拉近兩岸人民的政治距離與認同感，屆時，兩岸的政治融合發展必然就會水到渠成。

國、共雙方雖然有「兩岸同屬一中」的政治共識基礎以推動兩岸關係的發展，但對於對日抗戰史實的政治爭議迄今都還難以化解，又如何「化異求同」解決一中的爭議？更不要說長期以來兩岸人民的政治對立情緒，可以因爲此政治共識基礎而加以消除呢？

民、共雙方因爲台獨黨綱的政治爭議，迄今難有具政治互信指標意義的「黨際交流」可以成形，導致民、共之間的政治對立僵局至今無法加以有效突破，倘若民進黨眞的在二〇一六重返執政，那麼兩岸關係發展又如何「維持現狀」呢？台海的和平穩定又將如何才不會產生翻轉呢？

這就是目前兩岸關係存在的政治現狀，紅、藍、綠彼此之間都有太多的政治恩怨或政治隔閡及歧見難以消除，而兩岸人民之間又有許多解不開的價值觀差異造成偏見與歧視。所以，惡性循環的結果，兩岸的政治困境與融合危機自然更難加以解決。

其實，站在兩岸關係和平發展與兩岸一家親的立場出發，兩岸彷彿兄弟關係的前景雖然看起來悲觀，但只要大家能夠彼此眞誠相待，以「同理心」來消除雙方的情緒與歧見，並放下大家彼此的心結與成見，願意共同坐下來實事求是解決問題，兩岸哪有解不開的政治爭議與死結呢？

日前，民進黨總統參選人蔡英文對大陸九三閱兵曾表示，「亞洲地區和平安全穩定是所有亞洲國家共同的目標，希望中國在閱兵之餘，要注意到亞洲人民與各國希望維持安全和平的意願；她更強調，對於九三大閱兵所彰顯的意義，如果是希望追求區域的平衡與區域的安定與穩定，就會是正當訴求，但如果牽涉的是歷史的詮釋，馬英九政府與國民黨對於中國九三紀念的立場，國民黨要自己處理。」

顯然，蔡英文如此保有餘地的彈性論調，就是其展現善意對中政策的務實穩健作法，她一反過去民進黨聽到中國大陸要舉辦閱兵，便隔海喊話大批對岸窮兵黷武的「反中」政治情緒說法，主張大陸的「九三大閱兵」如果是追求區域的和平與穩定，就會是「正當的訴求」，但也善意提醒大陸當局要特別注意亞洲人民與各國的政治觀感。換言之，蔡的說法是展現其政治高度與圓融政治處理技巧的絕佳能力，以追求區域和平與穩定的政治基調，體現其「維持兩岸現狀」、「穩定台海和平」的對中政策善意主張，來為大陸的九三大閱兵做出完美的政治註解，相信大陸當局應該能夠體認到蔡英文的用心與苦心。

看起來，準備重返執政的蔡英文正試圖努力打開民、共政治對抗關係的死結，往更中間方向靠攏，來突破兩岸的政治僵局及困境，這也是好的開始，畢竟，民、共之間相當薄弱的政治互信，是難以撐起民進黨執政後的兩岸關係發展，必須民進黨能誠心面對自己的台獨黨綱神主牌的是存或廢，而大陸當局也應理解，台灣多數民眾期待大陸對台撤飛彈，並承諾對台不使用武力的政治需求，以遠離戰爭、珍視和平的心態來處理兩岸的政治困局與障礙，這才是兩岸關係和平發展應該走的正確道路！

二〇一五・九・四

第五章 太陽花與柯文哲的兩岸效應

天然獨的太陽花運動未必是兩岸關係發展的路障，
柯文哲的政治旋風正改變藍綠兩岸路線的選擇機會，
雙城論壇的正常舉辦可以創造突破兩岸僵局的機會之窗，
這是兩岸關係發展前所未有的政治機遇，考驗著兩岸主政者的政治智慧與格局，
誰能因勢利導，誰就可能是未來的真正贏家！

1 理性解決太陽花學運的政爭漩渦！

夾雜著服貿協議政治爭議、馬王政爭攻防與國、民兩黨及自主學運團體政治角力糾葛的太陽花學運風潮，即將進入最後攤牌的關鍵時刻，到底誰會成為這場政治大戲的政治贏家？正攸關著台灣未來政治版圖的重新排列，當然更直接牽動著兩岸關係發展的新變局。

基本上，服貿協議立院審查的程序瑕疵，引爆了學運團體占領立法院議場的風波，馬王政爭的拔河賽，則推波助瀾的把這股自發性的學運風潮引入源源不絕的社會動員政治能量，不僅讓外界與媒體更加熱烈地聚焦兩岸服貿協議對台灣的衝擊與利弊得失的分析，台灣民眾更因此能夠深入瞭解自身權益可能的影響，同時，也啟發了台灣社會對公民社會與兩岸政策議題相連結的嚴肅思考，朝野政治鬥爭的混亂政局所產生的代議政治盲點與缺失，完全暴露在陽光下受到更嚴苛的考驗。這是此次太陽花學運對台灣未來發展的正面價值與意義。

然而，占領議場癱瘓國會，喚醒了台灣百姓的公民意識，同時，學運訴求太過理想性的主張，想要把台灣複雜且盤根錯節的政、經、社會問題畢其功於一役，以獲得根本性的解決，卻是太過天真的思維。部分學運團體搶占行政院的行為雖能強化訴求的政治圖騰，但最後引爆警方強制驅離所造成的傷害，對學生、警察與政府而言，無疑都是難以抹滅的傷害，恐怕不僅讓這場學運風潮原本塑造的正面政治能量頓時銳減，也讓政府的領導威信遭受重創，這是大家該反躬自省自我檢討的問題所在。

回歸到務實的政治操作層面，其實，馬總統、王金平院長與民進黨必須負起該有的政治承擔與責任，讓和平抗爭占領立法院的學生趕快回歸校園，而抗爭的學生們也應體察時局「見好就收」，找個政治台階解散抗爭活動。否則繼續長期抗爭的結果，只會讓服貿政策的論辯變調失焦，讓台灣社會付出更難收拾的成本與代價，演變成全民皆輸的政治局面。

因此，綜合各方的訴求與爭議的焦點，大家如何各讓一步找到解決問題的政治共識，才是負責任的作法。根本之計，首先應讓服貿審查回歸立法院的正常審查程序與機制，交由內政委員會聯席會議逐條討論逐條表決，並要求國、民兩黨立院黨團不能進行議事杯葛且輪流主審以示公平；其次，馬總統應主動邀請王金平及民進黨主席蘇貞昌共商國是，希望以三個月內召開跨黨派與結合社會意見領袖與專家學者、學生團體代表的「國是會議」，共同處理有關兩岸關係發展、兩岸協議監督法制化的基本問題；最後，由馬英九、王金平及蘇貞昌三人同赴立法院與學生代表進行對話及溝通，表達解決問題的誠意與態度，讓抗爭學生支持朝野政黨共同努力解決問題以化解爭議。

太陽花學運如何和平落幕、理性收場原本就是考驗與檢驗朝野政黨的政治智慧與格局，是理想與現實之間的拉距戰，沒有絕對的輸家或贏家，大家都要有誠意與民主素養來化解對立與衝突，否則，對台灣的未來發展，對兩岸關係的長遠發展，恐怕才是難以挽救的陣痛與傷害！

二〇一四．三．二十七

2 切莫讓太陽花學運變成反中情結！

深化台灣民主並拉長兩岸關係發展戰略縱深的太陽花學運，終於劃下超完美的句點，和平落幕準備撤離占領立法院議場的行動，這是台灣學生運動光榮的戰役，也是台灣公民社會覺醒對抗失能政權與官僚體制的一大勝利。台灣的朝野政黨是該記取教訓、重新出發，努力且負責任地扮演好人民代言人的角色，爲台灣的未來新局創造向上提升的政治轉機及契機。

反黑箱服貿未必是反服貿，反服貿也未必就是反中，只是，馬政府的錯誤操作，卻意外地讓這股反政府的社會動員力量結合在一起，形成如今這股反服貿的政治風潮，既壓制了馬政府的恣意專斷，也同時開啓了台灣公民社會有效制衡政府決策及監督兩岸關係發展的厚實力量，讓台灣在面對政治經濟具有「比較優勢」的中國大陸可以有更多元、寬廣的政治選擇自由與空間。

當然，反服貿未必對台灣的未來發展有利，也如同馬政府所宣傳的重點，將對台灣的經濟自由化與國際化造成嚴重的傷害，但如果「利大於弊」的服貿協議結果只能創造台灣少數階層得利，並繼續拉大台灣窮富差距的結果，而政府又無法藉由福利政策或經濟補助的配套措施，以及對少數享受服貿利益階層的相關企業或產業課徵「服貿紅利稅捐」，以塡補政府財政的缺口，則又如何能說服台灣多數的民衆來支持這種「劫貧濟富」的服貿政策呢？

其實，反服貿的學生運動原本就是自發性的社會運動，民進黨既無力影響、操控，也難以抗衡的了學生運動過於理想性的政治主張及訴求，難怪，民進黨最後只能被學運牽著鼻子走，幾乎全盤接受太陽花運動的訴求。外界或中國大陸涉台部門或有或無的把民進黨與反服貿學生運動作刻意的連結，甚至用「台獨」來與反服貿做某種程度關連的解讀或定調，其實是相當不智的政治認知與操作。因爲把太陽花學運的政治屬性推向民進黨的結果，只會讓這兩股政治勢力更有效連結與合作，既無形中讓民進黨比較「逢中必反」的政治氛圍加油添柴，造成民進黨更難往較務實的中間路線靠攏，同時，也讓這些自主的學運新生力量找到了可以相互奧援的政治後盾，相互作用的結果，恐怕未必對兩岸和平發展新局的推動有正面的助益。

「馬王政爭」是這股太陽花學運能夠開花結果相當關鍵的政治因素，王金平院長善意回應學生訴求的「回馬槍」，既解除了學生繼續占領立法院癱瘓國會的政治僵局與危機，同時，也讓服貿協議的審查進度必須往後順延，讓兩岸協議監督條例的立法加速進行，很多人就因此解讀這對未來兩岸關係發展必然會帶來負面的影響與衝擊！其實，也未必如此，因爲，兩岸關係長遠的發展原本就是「開大門走大路」的政治局勢，不是國、共兩黨的密室協商可以完全做主，最後，還是要向兩岸人民有所交待！當然，最好能公開、透明攤在陽光下受到檢驗，才能去除許多人的政治疑慮與不確定的恐懼感。

我們相信，未來兩岸協議監督條例的立法，在經過反服貿協議的政治爭議風波之後，應該會比較朝向民主參與及公開透明的方向去規劃設計，這對未來兩岸諸多協議的簽訂應該會有更正向的幫助，既能解除民眾的疑慮，又能讓人民感到安心，當然，更能有助於兩岸關係和平發展的推動。

總之，反服貿太陽花學運的暫時落幕，不該因爲某些人的錯誤解讀或政治操作，讓它轉化爲「反中」的政治氛圍與意識型態！反而，更應該藉此反思台灣朝野政黨過度政治化的操作，讓兩岸關係和平發展的平衡槓桿產生偏差或失衡，必須重新調整回到正軌。大陸當局更應正面看待此學運風潮的民主價值與政治衝擊，理性且務實調整對台的策略與思維，才不會因此讓兩岸交流的對話與融合因爲誤判或失焦而產生反效果，造成更難彌補的政治傷害！

二〇一四・四・八

3 太陽花學運對兩岸關係發展的政治啟示

台灣內部因太陽花學運所掀起的服貿協議審查爭議過後，大陸當局的態度也呈現微妙的變化，先是李克強總理在博鰲論壇「蕭李會」場合對台釋出善意，表示願在大陸對外開放時，「先一步」或對台開放「幅度更大一些」，同時，也願意兩岸擴大經濟合作，有利於為台灣參與區域經濟合作創造更好條件。

其後，大陸國台辦主任張志軍首度公開回應對台灣學運的看法時，表示反服貿學運給他一個「啓示」，應多注意基層的想法。他看到有些報導指出，在兩岸關係發展的大背景下，兩岸關係受益面不是非常均衡，更多是大企業受益，中小企業和基層民衆受益則不是那麼明顯。似乎看起來，大陸當局也感受到台灣學運所表達對兩岸關係發展的不安疑慮與不確定感的政經威脅，不再像剛開始時其所原先「定調」的反服貿學運是民進黨背後所爲操縱、策畫，甚至是與「台獨」運動有所連結關係。

顯然，大陸領導階層的對台思維的確已經有所轉變，以更理性、務實的態度來看待台灣的社會運動，及其所蘊涵的政治價值並藉此調整其政策方向，這是相當重要的政治觀察，大陸當局對台政策與策略不再是「鐵板一塊」，相當程度也能傾聽台灣民意的眞實聲音，不再「泛政治化」的去解讀台灣公民社會的許多政治思維與政治現象。

然而，已經露出曙光的服貿審查爭議事件，卻又因爲大陸國台辦發言人范麗青表示，「兩岸協商中，沒有已簽協議重新談判的先例」而回到原點，既將之前李克強與張志軍的對台善意回應彷彿潑了一盆冷水，同時，也讓大陸國台辦經濟局長徐莽在之前博鰲論壇活動時接受媒體採訪表示，「已談好的事情要重新來談，他覺得不太適合；至於台灣民間要求，從開放名單中刪除美容美髮或印刷等弱勢產業，是否有此可能？需要商量。」原本隱約透露出可進一步磋商研究「服貿協議修正可能性」的想法就此夭折、破局！顯然，目前大陸當局內部的確對重啓服貿協議談判，部分修正服貿協議內容的政治可能衝擊與評估，在決策整合上已經有所爭議，會有如何的演變，有待進一步的觀察。

從台灣內部的政治發展局勢觀察，「先立法再審查」已成定局，重要的是兩岸協議監督條例各草案版本的立法審查與進度的問題。充滿「兩國論」政治色彩爭議的民進黨版本，或許是一時偷懶而不是政治上的刻意操作所造成，但卻昧於兩岸關係發展的政治現況與憲法的基本精神，根本不可能被接受通過審查，而行政院版的「兩岸協議處理及監督條例草案」條文內容，雖納入四階段溝通機制及國安審查機制，但已被太陽花學運抨擊爲「徒具形式、就地合法，包括國會實質審查、公民參與都沒回應」，倘若以此版本審查過關，恐怕只會重新激發更多的學運參與者與公民社會力量走上街頭，展開更激烈的政治抗爭活動，其結果，不僅兩岸協議監督條例難以完成法制化的工作，同時也會因此延宕服貿協議的審查。

目前，標榜「公民參與、資訊公開、人權保障、政府義務、國會監督」五大立法原則的學運民間版「兩岸協定締結條例草案」，不僅協議名稱用「兩岸」字眼以避開統獨爭議，在條文內容上也將兩岸協定定位是「台灣中華民國政府與大陸中華人民共和國政府之間」的關係，屬於接近「一國兩府」的政治定位，既沒有明文挑戰「一中原則」，也沒有配合民進黨版「兩國論」的政治定位，是相當充滿政治智慧與兩岸大格局視野的立法藝術，應當比較內容易爲社會大衆及大陸當局所接受，通過可能性似乎比較高。

其實，占領立法院議場二十四天的太陽花學運，雖然和平落幕短暫畫下句點，但其對兩岸關係發展的未來前景是相當正面的。它告訴政府與朝野政黨，台灣人民是有權、有能來監督制衡兩岸協議的簽訂，公開、透明與民主的審查程序是必然的法則，不因哪一個政黨執政就會有所改變。因此，台灣的朝野政黨及大陸當局都應該以更謙卑且尊重人民的態度，來處理兩岸關係的發展與兩岸協議的處理、簽訂與審查，這是兩岸關係發展「開大門、走大路」的必經程序，也是兩岸和平發展新局必須誠實面對的問題。

其實，某些人或因政治需要，或因判讀錯誤，而把某些太陽花學運領袖幹部個人的「台獨」主張與基本教義派的「台獨」信仰看做相同的事，因此，就片面認為肯定太陽花學運、支持民間版的兩岸協定締結條例草案就是在支持、鼓勵「台獨」！就個人認眞觀察所得，他們的「台獨」主張，其實是屬於「反威權」與「維持現況」的政治概念，是擔心台灣因為兩岸關係的發展造成台灣的生活方式、文化認同、生活價值觀與經濟競爭受到傷害或威脅，希望用「維持現況」來保護台灣，這與台獨基本教義派傳統的「一邊一國」政治信仰與理念的追求是大異其趣的政治思維，否則，他們不會提出有別於兩國論且傾向「一國兩府」政治主張的兩岸協議監督條例版本，應該是比較符合「兩岸特殊關係」的政治現況。

審愼看待、務實處理兩岸協議監督條例草案與服務貿易協議的審查，就能找出台灣的主流社會價值與聲音，找對方法去解決兩岸的問題與僵局，太陽花學運讓我們看到台灣下一代年輕人的希望與心聲，他們其實簡單來講是「反威權」而非「反中」，也讓我們更深刻體會到台灣未來的經濟發展不能因爲少數政商權貴的個別利益而產生失衡或偏差，但也不能因為少數人「反中情結」的政治操作而誤導或扭曲太陽花花學運的民主價值，造成兩岸關係和平發展的重大傷害。當然，也唯有大陸領導當局能夠明辨是非、正確判讀太陽花學運對台灣社會、對兩岸關係發展的正面影響，理性且務實的回應台灣政治變化與公民社會的心聲，讓兩岸關係發展回歸到正常的軌道。我們相信，這才是兩岸互利共贏、一家親的未來光明前景。

二〇一四・四・十四

4 柯若勝選的關鍵因素與政治效應觀察

連、柯首都市長決戰結果幾成定局，連勝文陣營病急亂投醫的結果，註定已難以翻轉局面逆轉勝，中華民國存亡說、統獨牌、兩岸經濟牌、混蛋說、皇民說、契約說……紛紛出籠，反作用力也愈來愈大，不僅催不出原有藍軍鐵票選民的熱情動員，也讓偏向泛藍的中間選民與經濟選民連「含淚投票」的可能動念都澆熄了，兵敗已如山倒，難挽頹勢。

觀察解讀連、柯戰局過程，其實就是連陣營誤判情勢、操作過頭、犯錯太多所致，並不是柯陣營有何突出、亮眼的表現所造成。畢竟，這一場選戰原本就不是連勝文與柯文哲個人政治能力、領導能力、政策能力與政治、社會背景誰好誰壞的選擇，而是社會價值觀、階級意識、公民意識以及政治價值觀的對壘，躬逢其盛的連勝文剛好處在這些問題對立面的不利角色與位置，當然很難與天時、地利及人和兼具的柯文哲相抗衡。

正因爲如此，這場不是藍綠對決的選戰，柯文哲倘若當選，雖是國民黨敗選，但也並非意味著民進黨就是眞正的贏家，眞正該擔心的反而是民進黨與柯文哲未來的政治互動關係該如何處理的問題，這也就是蔡英文與蘇貞昌兩位前後任主席，對與柯文哲關係政治立場、觀點不同的關鍵所在。畢竟，難受駕馭的柯文哲原本就不是一位處事圓融與豐富政治經驗的政治老鳥，雖能藉由新的社會氛圍與政治氛圍以及個人「眞誠」的政治性格脫穎而出，但未必就能妥善處理好與民進黨及其他黨派的政治關係，他仍然必須等待時間的磨練與考驗。

所以，柯文哲倘若勝選的政治價值與意義，是在突破藍綠對立與惡鬥的政治僵局，是在警告國民黨與民進黨不該再繼續深陷政治惡鬥亂局，也不能再利用統獨、族群、省籍對立意識來打選戰或治理國家，二〇一六誰想執政就必須拿出能夠「得民心」的眞本事，挽救台灣經濟、解決社會貧富差距懸殊、消弭人民剝奪感意識的社會公平正義問題，必須讓人民看的到也摸的著。當然，與這些問題牽連複雜的「兩岸問題」就必須好好去正視、面對與處理，不能再搞「民粹化」的政治對立讓問題治絲益棼，也不能再用買辦政治的「兩岸和平紅利」愚民政策來欺騙人民。

總之，柯文哲若能勝選還有另一層次的政治意義，是導正了兩岸關係發展的正常秩序與軌道，讓國民黨習以爲常的兩岸政商權貴買辦政治的錯誤現象逐漸消除，不僅能夠創造未來兩岸關係發展「開大門、走大路」的新局，也能夠加速催化民進黨往中間開放的中國大陸政策及路線加以靠攏，消弭民進黨「逢中必反」、「恐共反中」的政治敵對心態，鞏固及深化兩岸交流的政治基石。

柯文哲當選與否無關藍綠，選贏了，民進黨也不是最後的政治贏家，但對民進黨而言是一種相當具有啓發性的政治價值與作用。意味著，民進黨倘若能重返執政、穩定執政，就必須有能力穩定兩岸關係的長遠發展，除了在兩岸與統獨問題上要像柯文哲一樣不故意去惹麻煩，不故意去製造問題外，也要讓人民信任並放心民進黨是能夠面對兩岸問題、處理好兩岸問題。否則，不要說能像柯文哲在北台灣、台北市的深藍大本營中獲勝當家，就連中台灣縱使贏得台中市長、彰化縣長的地方執政也未必因此可以確保二〇一六總統大選便能打贏選戰。

民進黨必須解決兩岸罩門的政治對立僵局，才能讓台灣多數百姓可以信任執政，柯文哲的勝選，應該對民進黨有臨門一腳的政治衝擊效應，回歸中華民國憲法的政治基礎，把中華民國當作統合藍綠的政治共識與底線，才能讓兩岸關係發展回到穩定且正常的局面。

二〇一四・十一・二十一

5

國、民、共三黨應共同合作導正兩岸關係發展的政治偏差現象

即將邁進準執政時代的民進黨，目前最需要展現執政格局的政治重心，就是兩岸問題與民生經濟難題，這是民進黨可以讓人民有感的贏取民心重要關鍵，也是民進黨能否重返執政、穩定執政的迫切問題，畢竟，九合一大選國民黨的慘敗是敗在自己的手上，民進黨只是民怨出口的漁翁得利者，並未眞正贏得要換黨執政的民心。

柯文哲效應最大的政治亮點就是推倒藍綠高牆，這個政治效應衝擊最大的政治價值就在人民討厭藍綠惡鬥造成百業蕭條，國家競爭力的動能陷在無止境的內鬥與內耗當中難挽頹勢。也正因如此，原本該惠澤台灣百姓的兩岸和平紅利，成爲財團與某些政商權貴買辦政治的個人私利，兩岸服貿與貨貿協議的推動淪爲政治犧牲品，兩岸互利雙贏的經貿交流與合作，被窄化爲少數政客與財團上下其手的旋轉門，兩岸關係發展面臨前所未有的政治挑戰，倘若不及時導正這種政治偏差現象，則台灣民心對中國的認同與兩岸關係和平發展大局的推

動只會漸行漸遠，朝向更負面的方向發展。

因此，要解開這樣的政治困境與兩岸政治迷思，國、民、共三黨都該調整思維對症下藥，共同導正這個政治偏差與迷思。擺脫馬英九束縛的朱立倫市長即將選上國民黨主席，應該致力於改變政黨形象，推動兩岸關係發展往正常的方向改變，既要去除黨內政商權貴利用兩岸平台進行兩岸買辦政治的惡習與陋規，也要致力於國、共政治關係的全面提升，迅速整合黨籍立委推動服貿的政治歧見，與大陸當局展開新一波的政治磋商，不排除撤除台灣內部有所疑慮的服貿開放項目並暫時凍結，以利新服貿協議的推動與落實執行。

其次，民進黨也應改變在野制衡的政治杯葛思維，以準執政黨的政治心態來面對處理目前的兩岸困局與服貿、貨貿兩岸協議相關法案。只要能對台灣的民生經濟發展有正面的助益，只要能解決部分開放項目對少數產業的的負面影響及衝擊，就應以正面的態度與思維、行動加速兩岸服貿與貨貿協議的立法審查，這是民進黨中央執政後也必須概括承受的兩岸發展潮流，民進黨必須在尚未執政時表現負責任的政治態度以贏取人民的信賴，同時，也能因此證明其有能力解開民、共對立的政治僵局。倘若，民進黨能調整對中善意開放的態度，並適時運用兩岸城市交流的互動管道，推動地方執政縣市與大陸城市的交流與合作，未來民、共之間要解決根本的九二共識或一個中國問題的政治死結，也必然會拉大加寬更多的政治彈性處理空間，雙方折衷讓步的政治氛圍與善意互信的政治基礎便能形成，有利於民進黨兩岸政治罩門的解套，與爭取重返執政、穩定執政的政治空間。

最後，中國大陸當局也應意識到台灣主流民意的變化，妥善處理與民進黨、國民黨的政治三角平衡關係，才不會讓兩岸交流與合作，再度淪爲國民黨少數財團與政商權貴予取予求的政治籌碼及工具，才不會因爲國、共關係與民、共關係的不平衡，造成兩岸關係和平發展大局產生政治偏差現象與負面效應，破壞了兩岸一家親的心靈契合機會。

兩岸的政治與歷史糾葛，不是任何黨派可以用政治民粹的操弄來改變客觀事實，也不是任何游走兩岸的政商權貴囿於私利可以扭轉趨勢與融合發展。但是，大家必須存有以人爲本的換位思考與同理心，來共同面對解決兩岸交流發展的偏差與政治迷思，這是兩岸主政者與朝野黨派必須共同面對承擔的歷史任務與責任。值此關鍵時刻，不論國、民兩黨的政治消長變化，不論誰來當家主政、誰來監督制衡，都應該以人民的利益做最關鍵的思維與行動依據，擺脫藍綠惡鬥、停止內耗，加速推動兩岸的交流與合作，才是最根本的解決台灣民生經濟與兩岸問題的核心價值，否則縱使獲得執政還是很難獲得人民信賴而有穩定執政的結果。

二〇一四・十二・二十三

6 柯市長左右兩岸發展大局的政治能量？

柯文哲市長在接受大陸媒體聯合採訪時表示，當今世界上並沒有人認爲有「兩個中國」，所以一個中國並不是問題。他認爲，尊重兩岸過去已經簽署的協議和互動的歷史，在既有的政治基礎上，以互相認識、互相瞭解、互相尊重、互相合作的原則，秉持「兩岸一家親」的精神，促進交流、增加善意，讓兩岸人民去追求更美好的共同未來，這是兩岸領導人必須要去做的。

對此，大陸國台辦發言人范麗青表示，「二〇〇八年以來，兩岸雙方在堅持「九二共識」基礎上，推動兩岸關係和平發展取得一系列重要成果。柯市長的表態，有利於台北市與包括上海在內的大陸城市交流合作，我們對此表示贊賞。」她並強調，關於上海與台北兩市舉辦「雙城論壇」一事，上海市會和台北市保持溝通。

事後，柯文哲則認爲是大陸媒體斷章取義，他在專訪中提到，「一個中國」並不是問題，問題是內容，你買一個東西貼個標籤，「我才不關心標籤貼什麼，我關心的是內容是什麼」，重點是內容，不是符號，不要老是講符號，因爲中國老是在講一個中國。

顯然，從大陸當局來看，柯文哲「在當今世界上並沒有認爲有兩個中國，所以一個中國並不是問題」的說法相當地「對味」，不僅用相當罕見的「贊賞」字眼來評價柯的表達，而且是正面積極看待柯的政治表述。然而，雖然因此對於「雙城論壇」的推動產生推波助瀾的正面效益，但由於雙方政治互信基礎仍然相當地薄弱，再加上柯容易衝動、率性發言的政治性格，未來能否穩住政治局面讓雙城論壇的政治障礙加以消除，還是存有相當大的政治變數。

尤其，柯文哲的說法必然會引發台灣內部深綠陣營的強烈反彈與批判，背叛、投機……等政治指責蜂擁而至，柯文哲能否挺住這些政治壓力並加以理性回應？也是左右變局的重要政治關鍵。畢竟，柯文哲沒有人認爲有「兩個中國」的說法，已經正面否定李登輝前總統的「特殊國與國關係」、「兩國論」的主張，也比馬英九總統「一中各表」的政策更往中方傾斜，其「一個中國並不是問題，問題是內容」的政治詮釋也與中方的說法相當地接近，的確很容易引起台灣藍綠陣營的政治撻伐，柯文哲在兩面不討好的政治壓力下，會不會調整立場改變說法？確實也是問題所在。

更加重要的是，柯文哲的政治價值不是只是一位無黨籍首都市長而已，重要的是他綠營政治屬性的色彩，有關兩岸關係與定位的政治論述必然會被擴大解讀，他是否能夠成功扮演「有利於減輕民進黨政治壓力」、「有助於民進黨的務實轉型」的政治突破窗口？也是相當關鍵的問題！這也是為什麼大陸對他以前「兩國一制」或「殖民進步論」的說法雖然強烈不滿，但卻不把「雙城論壇」城市交流問題說死的原因所在，大陸當局對這樣一位「白目市長」，其實遠比對民進黨的政治天王或縣市長政治領袖保有相當寬廣的政治期待與空間，希望藉由柯文哲的積極且正面的兩岸政治表述，協助民進黨在對中政策上加以務實轉型，並藉此突破民、共對立的政治僵局，發展出符合兩岸關係發展潮流與台灣主流民意基礎的新政治共識契機。

總之，柯文哲的兩岸政治表述，的確已經觸動了兩岸政治敏感神經，對藍綠陣營也正開始產生某程度的政治連動效應，這是沒有政黨包袱的柯文哲有機會突破兩岸政治氛圍的重要關鍵時刻，也是柯文哲展現特殊政治價值與政治能量的絕佳機會。

大陸當局真正要的是體現「九二共識」精神的「一中內涵」，不是那麼在意「九二共識」的政治符號或標籤，柯文哲的事後補充解釋，或許更符合大陸真心想要的「誤打誤撞」結果，未來是否會因此開啓兩岸政治對話窗口，共建兩岸和平發展大局的政治基石？仍待進一步的發展與觀察。

二〇一五・四・一

7 展現「跨域共榮」的雙城論壇新價值

台北、上海雙城論壇傳出因爲陸方要求柯文哲對雙邊交流釋出「更多善意」，但柯文哲的「大陸工作小組會議」卻反對再釋出善意的情況下，暫時觸礁，目前由北市府積極規畫中的上海副市長「回訪」計畫也幾乎面臨停擺局面，雙城論壇能否順利舉行？何時舉行？與柯是否會率團親自登陸進行交流？的確已經產生新的變數。

對照柯市長日前與媒體記者餐敘談到雙城論壇問題時表示，大陸要求很多，像是買菜要送蔥、送蒜，很多事情談不攏。顯示出，大陸方面確實可能要求柯文哲應該對「一五新觀點」作出更加明確的闡明詮釋，至少要化解可能的「一中一台」政治疑慮才能眞正過關登陸，這對於柯文哲的政治地位與角色而言，無疑是橫生枝節的政治施壓，也是過度勉強的政治苛求，難怪柯文哲內部幕僚與大陸工作小組成員大都反對再釋放更多的善意以求雙城論壇的順利舉行。

畢竟，單純的兩岸城市交流議題與項目原本就是民生經濟的交流活動，根本無法負荷過度的政治任務，勉強承載過多的政治需求與目的的雙城論壇，或許可以化解台灣內部深藍人士的反彈情緒，也或許可以讓大陸高層增加對民進黨施壓的籌碼，但卻可能造成柯市長更加進退兩難的困境，喪失了雙城論壇順利舉行的正當性與政治價值，這對於柯文哲正處於上任半年多後民意支持聲勢正逐漸走下坡的關頭，無疑是吃力不討好的過重政治負擔與壓力。

尤其對於民進黨而言，選戰聲勢雖然形勢大好，但民、共對立政治僵局並未有所減緩，兩岸關係形勢嚴峻的政治局面也沒有翻轉改變的政治氛圍出現，民、共智庫交流與城市交流的政治曙光也急轉直下，台北、上海城市論壇的順利舉行猶如刀之雙刃，如能不添加政治色彩進行雙城論壇，讓城市交流活動趨向兩岸城市交流的民生、經濟功能且淡化政治取向，則民、共城市交流發展便能順利承繼接軌，這對未來兩岸關係和平發展大局絕對是具正面助益的影響，民進黨也會正面看待雙城論壇的具體成果與政治效益。

然而，如果此次雙城論壇的舉行是充滿政治算計的權謀考量，附加過多不必要的政治條件、前提以及議題，讓兩岸城市交流從此變調發展，造成過度承載政治效能的政治施壓，民進黨也只能調整思維與政策方向，改變積極推動城市交流的想法，則兩岸關係發展的「機會之窗」恐怕就會更加緊閉，造成更加難以收拾的惡性逆轉循環的局面。

避免承載過多政治任務的雙城論壇，其實只要雙方主事單位能清楚定位論壇的城市交流功能，以「促進交流、增加善意」爲目標，順利推動兩岸城市的互利雙贏，便能加速兩岸的融合，拉進兩岸人民的距離與價值觀。因此，大陸方面根本毋須顧及部分深藍人士的反彈政治情緒及施壓，要求柯文哲對「一五新觀放」再繼續釋放更多的善意訊息，而柯市長也不該受限於部份深綠人士的「反中」政治情結，而降低親自登陸的政治層級與效能。讓台北、上海城市論壇的舉辦，可以成爲柯上任後最耀眼的政績及成績單，以展現其超越黨派色彩推動市政建設的政治能力及格局，拉大兩岸城市交流的戰略縱深與具體效能，作爲未來兩岸城市交流的政治典範，以帶動兩岸的城市交流發展榮景與人民生活融合的契機，這才是實現「兩岸一家親」最有效的路徑與方法。

兩岸城市論壇的順利舉辦，不只是台北、上海的城市交流，也不會只是兩地人民「生活圈」的延伸與文明價值觀的融合發展而已，更重要的政治價值與功能是在帶動「兩岸無國界」、「兩岸無地界」的城市交流競爭力，創造更多難以想像的互補合作、互利雙贏「跨域共榮」的新政治典範，不應再受限於兩岸的政治歧見爭議與黨派之爭，也不該再受制於過多的政治壓力與負荷，把兩岸城市論壇的純淨空間染上不必要的政治色彩而導致其原有經濟、民生功能的交流目標受到嚴重的窄化。

我們更加期盼，台北、上海兩岸城市論壇的順利舉行，打破可能的政治框架及設限，回歸正常的民生、經濟城市交流功能，爲兩岸的和平發展大局保留可能的政治窗口，以面對二〇一六民進黨可能執政的兩岸新變局，以因應兩岸關係發展可能急轉直下的政治嚴峻局面，這是民、共政治領導階層都該理解並加以掌握的政治現實。畢竟，這也是兩岸如何維持現狀，穩住台海和平兩岸，繼續交流發展不可或缺的「和解之門」？如何正面看待兩岸城市論壇眞正的政治價值與功能，恐怕眞正的重點就在於此！千萬不可因爲短暫的政治障礙，或者過度承載的政治目的而把這道「機會之窗」也關閉了，否則就是得不償失的兩敗俱傷結果了！

二〇一五・六・二十九

8 柯P雙城論壇的作用及危機？

無黨籍的台北市長柯文哲登陸上海、出席雙城論壇，實際走訪中共一大會址、四行倉庫與虹橋綜合商務區等重點行程，表現穩健、中規中矩，沒有特別突兀的意外演出，也看不到濃厚政治味道的刻意安排，但卻對兩岸城市交流的未來發展前景產生微妙的變化，同時也對二〇一六台灣總統大選變局後的兩岸關係發展，產生新的政治刺激與連帶效應。其結果究竟是好或壞？目前雖然尚難過早就下定論，但卻必然對未來紅、藍、綠陣營的兩岸政治牌局以及思維策略的方向帶來一定程度的影響。

柯文哲一個中國不是問題的「一五新觀點」以及「九二共識」的了解與尊重，是其今天能夠順利完成登陸行程的「通關密碼」，是雙城論壇能夠順利舉辦與延續的關鍵所在。儘管在台灣內部，尤其對某些綠營人士來看，「柯文哲的做法很明顯將形成整個台灣面對中國攻勢時，戰略縱深被緊縮的效應」、「柯P模式等同爲兩岸城市交流新設路障」，倘若事實果眞如此？那麼爲什麼民進黨發言人鄭運鵬還要代表黨中央表示，「我們都樂見各縣市長跟大陸的城市交流」？民進黨政治領袖謝長廷表示，「柯文哲有關九二共識的論述不會影響民進黨。柯是無黨籍人士，我們尊重他，但尊重也有很多不同意思。」究竟，就民進黨的主流立場來看，這兩種角度、立場大相逕庭的政治解讀觀點孰對孰錯？做何種政治判斷及選擇？其實還是應該有一個清楚明瞭的標準答案，不應該因爲面臨總統大選變局就刻意採取「似是而非」的模糊答案。

「一個中國不是問題」其實是對大陸原所期待的「一中原則」保持中性且刻意模糊的立場，對「九二共識的了解與尊重」原本就是口語化的禮貌表示，根本不需要過度解讀推論成接近「兩岸同屬一中」的政治主張，何來因此就會造成「爲兩岸交流新設路障」的政治後果？「柯P模式」使用消極的文字政治技巧，成功迴避了大陸當局所想舖陳的對台政治框架，雖未必能夠成爲民、共交流援引的政治模式，但至少突破了九二共識牢不可破的政治神話，爲未來兩岸關係的發展提供了一條具務實彈性政治思維的創新路徑新選擇。

因此，柯P就只是柯P，柯P不會是蔡英文，也不會是馬英九或朱立倫！民進黨不應該因爲自我的政治設限與政治價值觀的差異，過度解讀或引申柯P的「兩岸處理模式」，把柯P推向對岸。同樣地，帶有濃厚本土化與民主化「深綠」政治價值觀的柯P，也不必因爲對岸的刻意禮遇及讚賞，狂妄囂張到自以為是、自我膨脹，忘了自己所堅持的政治價值與理念？讓很多的支持者悔不當初！

柯文哲的大陸行，其實對國民黨原本壟斷兩岸話語權的局面產生衝擊，雙城論壇「民間先行、政府支持」的兩岸城市交流模式，的確也對大陸當局多年來的舊有政治統戰模式的交流方式帶來新的刺激作用，這是台灣去年的太陽花學運與九合一大選結果，意外創造的兩岸交流新政治環境所舖陳的政治氛圍，並非柯文哲本身有何過人的政治本領與智慧所造成，柯文哲是該珍惜這樣的政治機遇，讓兩岸關係和平發展找到正確的政治路徑來「求同存異」、「化異求同」，共同謀求兩岸互利共榮的新局面。

當然，經由此次大陸行的政治過招與增進雙方政治互信的經驗，柯文哲也應捫心自問、自我反省檢討，面對大陸的政治壓力與綿密的政治操作，台北市政府的兩岸幕僚團隊到底有沒有辦法或能力因應兩岸城市交流的「政治問題」與「專業問題」？是否在登陸參加雙城論壇之前便做好足夠的準備工作面對對岸的政治挑戰？是否柯文哲在參加雙城論壇之前只能放空自己、無招勝有招？因為市府團隊是否就連柯市長的大會致詞稿都沒有準備，還要柯市長自己熬夜親自草擬？倘若事實情況果眞如此的話，那就眞的太過輕率與危險了！畢竟，兩岸關係發展，眞的沒有小事，瞭解研究中共黨史或許勉強可以「神來一筆」製造幽默、笑場，或許在某些雙方交手的政治場合可以理解對方的政治思維，但眞正在處理兩岸具體事務的判斷與分寸拿捏問題上未則必會有直接的幫助，尤其是面對更加複雜的兩岸政治問題或協商談判的時候，絕對更需要有深厚的政治底蘊與豐富的兩岸宏觀視野來面對問題、解決問題。看起來，柯文哲是該多做功課努力學習，並好好培養強化更優秀的兩岸幕僚團隊了。

二〇一五・八・二十

9 雙城論壇的兩岸政治融冰契機又錯失了！

民進黨重返執政後，兩岸關係發展進入冷凍期，這是蔡英文政府的政治難題，也是台灣觀光旅遊業陷入重重困境的政經黑暗期，當然，這是兩岸目前沒有政治共識基礎的往來交流互動困境所引發出來的現象，短期內難有突破僵局的政治曙光，然而，「台北．上海城市論壇」的賡續舉行則是雙方主政者展現政治善意的一小步，台灣方面倘若能夠把握機遇，對雙城論壇提供更具有發光發熱的政治亮點，肯定其政治收穫將有令人意想不到的結果產生。可惜的是，蔡英文政府並沒有掌握如此的政治契機，借橋搭橋來突破兩岸政治僵局，令人感到相當的惋惜！

在兩岸交流熱絡時期，雙城論壇的政治重要性較低，頂多只是兩岸最重要的城市展現友好互動的往來善意，提供兩岸大城市居民的緊密互利措施，未必能夠對兩岸關係發展產生多大的政經連漪效應，然而，正因爲目前兩岸官方與半官方聯繫對話溝通機制已經停擺，兩岸交流互動幾乎難以爲繼之際，舉行雙城論壇的政治價值與效應已經大大提高，台灣的主政當局若能善用此種政治窗口，讓城市交流的契機轉化成兩岸官方非正式的互動溝通平台，共同營造雙方良好互動的政治氛圍，則未必不能因此單點突破打開兩岸對話的政治僵局。

因此，倘若蔡英文政府願意指派陸委會主委在雙城論壇演講致詞，並且努力促成桃園與台中市長參加論壇共襄盛舉，讓在台北舉行的雙城論壇積極發揮意想不到的驚奇效果，我們相信透過這樣展現積極善意的政治努力，讓兩岸城市交流可以受到外界的政治重視及肯定，大陸方面可能因此發展結果而把台灣各大縣市與大陸的城市交流之門順勢打開，或許可以讓兩岸關係發展的政治寒冬有某種程度的政治疏解，未嘗不是一道可行的政治解套途徑與方法。

然而，雙城論壇已經舉辦，上海市常委兼統戰部長沙海林也率團參加，與台北市政府簽署了三項合作備忘錄，兩岸城市交流又往前邁進一大步，但兩岸關係發展還因雙方主政者的政治態度過於保守消極而難有曙光初露的解套機會，這是蔡英文政府不願意善用雙城論壇的政治溝通平台所造成，也是大陸當局仍然堅持兩岸同屬一個中國核心意涵而讓兩岸城市交流發展難有從台北市擴及到民進黨其他執政縣市的結果，這是兩岸主政當局都該反省檢討的地方，畢竟，兩岸人民一家親，唯有透過交流與融合才能解開兩岸敵對對立的政治死局。

其實，兩岸關係發展常常是柳暗花明又一村的政治變化，最黑暗的政治對抗期也需要透過各種的政治努力與途徑來對話與溝通，一方面可以避免政治誤判化解可能的意外危機，另一方面則是展現善意與誠意讓對方感受到解決問題打破僵局的政治決心，雙城論壇原本提供了台灣主政當局的政治機會與舞台，可是蔡英文政府與民進黨還是白白浪費了可能打開政治僵局的破冰融合機會！

兩岸城市交流原本就是相互學習、各蒙其利的共同繁榮政治作為，不需要用政治框架或前提來加以設限，也不用用本位主義來理解對方的政治目的，只要能對雙方有利的事都該勇往直前相互提攜並互補所長。

「台北．上海城市論壇」的順利舉行圓滿落幕，已經是兩岸關係發展現狀相當難得的好事，未來應該擴大舉行讓其他的台灣縣市共同參與汲取寶貴的政治經驗，來與大陸其他城市融合對接，全面開展現代化城市的交流與互動合作，則兩岸很多的政治誤解與對抗就能真正消除，雙方的進步與層次提升就會有意想不到的結果產生，這才是兩岸關係和平發展真正開大門走大路的正確途徑。期待未來兩岸主政當局都該敞開胸懷全力促成兩岸城市交流的正當發展與互動，為兩岸關係一家親的心靈契合打造更令人刮目相看的新未來與新氣象。

二〇一六．八．二十四

第六章
民進黨台獨黨綱解與套

凍不凍結台獨黨綱？要不要通過新黨綱來取代三大黨綱與決議文？

從來就不是拋不拋棄黨魂的政治道德與人格問題，而是民進黨的政治選擇與價值判斷。

這是民進黨如何穩定執政並解開民、共交流對話的政治困境，

就看蔡英文總統的政治決擇了！

1 凍結台獨黨綱民進黨重返執政

被中國大陸視爲「積極信號」的凍結台獨黨綱主張，在民進黨立院黨團總召柯建銘提出後，引起廣泛的討論，民進黨內部多方論戰各有主張，其實問題的關鍵在於民進黨要不要重返執政？凍結、廢除或者維持現狀的做法，何者可以幫民進黨的兩岸政治罩門加以解套？民進黨有識之士是該好好想想這個民、共政治和解的大工程了。

台獨黨綱實質意義雖已被「台灣前途決議文」所加以取代或弱化，但它的政治圖騰標記仍然長期烙印在民進黨身上，只要「台獨黨」的政治陰影不除，不僅台灣民衆無法對民進黨的執政能力有信心，就連對岸的北京當局也無法放心民進黨執政後會不會破壞兩岸關係和平發展的長遠目標。既然如此，民進黨是該認眞審愼評估台獨黨綱繼續存在，會對其重返執政的利弊得失造成多大的影響？

民進黨長期以來就是以執政爲目標的務實性政黨，因此，對於兩岸問題原本就相當地關注，可惜的是，其黨內有一些人對中國大陸的民主、人權與文明價值存有相當大的疑慮，再加上大陸當局與涉台部門對民進黨台獨立場的慣性批評，導致這些人敵視中國與仇中的政治情緒日益升高，常因兩岸的偶發事件而大做文章，不僅激化了民、共政治對立的僵局，同時也讓民、共關係的政治互信迄今難以建立，惡性循環的結果，民進黨就此成爲兩岸關係的「麻煩製造者」，甚至是挑釁中共的頭號政敵。

可是，時代在變，潮流也在變，抱持兩岸敵對冷戰思維的國、共兩黨如今也握手言歡，共謀兩岸和平發展的大局，民進黨卻仍然「抱殘守缺」，執著於與中國大陸的政治對抗，以爲這就是堅守台灣的主體價值，以爲繼續「反共仇中」就能拿到選票重返執政，卻不知台灣多數民意的思維也已經改變，視中國大陸爲不可或缺的政經夥伴，是未來必須正常往來互動的鄰居，因而民進黨從此也逐漸在兩岸議題上被邊緣化，與台灣的主流民意背道而馳！

二〇一二年總統大選的敗選，證明了民進黨敗在兩岸罩門的「最後一哩路」，這是不爭的事實，原本民進黨就該記取教訓重新處理其台獨路線的政治障礙，可是蘇貞昌黨主席上任後卻錯估政治情勢，雖然積極成立中國事務部與中國事務委員會，也開了九場華山會議準備提出新的中國政策定位與路線，原本大家也都期待會有令人耳目一新的務實開明路線會出爐，讓民進黨從此脫胎換骨重回主流，回到兩岸關係和平發展的正常軌道來加以運轉，兩岸關係發展從此就能逐步融合對接，邁向正常發展的康莊大道。

然而，蘇貞昌因爲與黨內可能與他競逐「總統夢」的蔡英文前主席的領導權之爭而錯估情勢、舉棋不定，一下子要求其兩岸幕僚著手準備具突破性意義的「中華民國前途決議文」，在中國事務委員會中加以討論形成新共識以取代台獨黨綱、台灣前途決議文及正常國家決議文，作爲他不排除今（二〇一四）年訪問大陸、參選黨主席連任的政治成績；另外一方面則又瞻前顧後，擔心蔡英文及新潮流派系藉此兩岸政策議題結盟合作而讓他提早出局，最後，只好又回歸原點，搞一些不痛不癢的「政治維他命」，台獨黨綱與中華民國前途決議文問題可能從此束之高閣！

其實，凍結台獨黨綱或者是通過「中華民國前途決議文」，民進黨雖難就此完全「洗刷」掉其台獨印記，但至少是一個具突破性意議的善意訊號，意味著民、共交流的政治障礙可以藉此排除，兩岸關係正常化的發展可以在國、民、共三黨的政治平衡關係中加以運作，兩岸融洽的政治前景可期，開啓兩岸政治對話與談判的契機可望水到渠成，這會是民進黨對兩岸關係和平發展相當重要的積極貢獻，同時，在民進黨兩岸政治罩門解套後，重返執政也只是時間問題而已！

但目前看起來，柯建銘凍結台獨黨綱的提議，短期內很難在民進黨內形成共識、達成結論，蘇貞昌的兩岸政績恐怕也是滿江紅不及格，其連任黨主席之路更加遙遠，誤判政治情勢並錯失良機的蘇貞昌，大概已經註定要提早出局，與「總統夢」三度擦身而過。

接下來，面對一事無成的蘇貞昌，蔡英文應該會再度參選黨主席，爲其二〇一六的總統參選鋪路，我們也只能期待蔡英文彷彿參選聲明的元旦文章「反省再出發，期許一個全新的二〇一四」所言，「社會正在快速改變當中，面對社會的巨變，我們可以選擇堅守一成不變的政黨政治原則，和國民黨力拚到底；但我們也可以走出過去的城牆，創造有利條件，把臺灣社會正面的力量加以集結與盤整，擴大民進黨未來發展的社會基礎」。民進黨能否在蔡英文的帶領下「走出過去的城牆」，誠實且務實去面對凍結台獨黨綱的問題，以擴大民進黨未來發展的社會基礎，不要讓無能主政的國民黨繼續再執政，不要讓馬政府的政治禍害延續到二〇一六以後，民進黨必須走出台獨黨的政治城牆，必須拋開台獨黨綱的政治束縛，兩岸關係和平發展的前景才有光明燦爛的明天，蔡英文是該站出來帶領民進黨迎向光明了。

二〇一四・一・三

2 拆除「台獨黨綱」的舊城牆！

「凍結台獨黨綱」倡議、被中國大陸視爲「積極信號」、但被民進黨內部看做是「壓謝堵蔡」意味濃厚，柯建銘的確出了一道難解的政治習題給民進黨，到底「神主牌」的政治信仰或重返執政的鋪陳價値孰輕孰重？正考驗著民進黨領導人與政治天王、菁英們的政治智慧與格局。

當年的「台獨黨綱」其實不是爲了抗衡中國大陸，也不是用來對抗國民黨之用，而是民進黨新潮流派系爲了在黨內表現第一衝、第一勇的政治形象，與當時的美麗島系搶奪黨內主導權的政治算計，殊料最後被當年的明星立委陳水扁加進了「公投程序」而破功。「台獨黨綱」從此變爲如今的「住民自決台獨黨綱」，新潮流系雖不滿意陳水扁的「改頭換面」並一直耿耿於懷，但也不得不勉強接受形勢比人強的折衷方案。

如今，柯建銘「凍結台獨黨綱」的政治主張，反對最力的就是現在的新潮流派系，理由雖屬多元不一，但最重要的目的則是擋下柯的凍獨提案，好讓蘇、蔡都戰死二〇一六之後，由賴清德接棒演出、收拾戰果！

新潮流系向來就是鬥爭性最強的功利性派系，柯凍獨的主張恰是直搗黃龍殺到了新潮流系最關鍵的派系利益，因爲「台獨」這個政治烙印一除，民進黨重返執政的機會便大大提升，蘇貞昌或蔡英文當選下屆總統的勝算機率不小，屆時賴清德不僅二〇一七接任黨主席無望，也難以從地方諸侯的身分與角色躍升爲總統級的政治接班人選，這是新潮流系最不願意看到的結果。

因此，不論柯凍獨的提案是否曾與蘇主席密謀合唱雙簧，或者眞的可以幫民進黨最後一哩路的兩岸政治罩門加以解套，新潮流系只能反對到底，絕不能在一月九日中國事務委員會的華山會議「總結報告」中順利過關，這也就是爲什麼外界雖然熱烈討論柯的凍獨主張，但卻難以看好它可以在黨內形成新的政治共識原因所在！

然而，對於蘇貞昌而言卻未必如此。儘管他一直對外否定凍獨的主張，但也深知這是他千載難逢展現大開大闔政治格局的絕妙時機，可能也是連任黨主席最重要的政績。此案倘若過關，雖得罪了黨內的基本教義派，但卻是能讓他可以登陸的政治「入場券」，是可以在五月黨主席改選前，創造他個人政治生涯高峰的代表作，得失之間絕非外人所得衡量與估計。

可惜的是，蘇貞昌遇事橫衝直撞或舉棋不定的政治性格弱點，讓他被外界看破手腳。一方面擔心新潮流系因凍獨案而跟他劃清界線，在黨主席連任的政治抉擇棄他而去，另一面又顧忌蔡英文可能藉此議題做爲與他競爭黨主席的藉口，讓他的政治基本盤因而鬆動、潰堤。所以，目前蘇貞昌看起來只能消極以對柯的凍獨案，讓中共意有所指的「積極信號」再度熄滅，民、共的交流互動政治障礙依然無解。

其實，「凍獨」不是問題，也不是「台灣前途決議文」已經取代台獨黨綱的政治論辯孰是孰非的問題，而是民進黨複雜的派系利益與雙太陽領導權之爭的恐怖平衡，讓民進黨無法趁此時機脫掉「台獨黨」的政治枷鎖，只能繼續在兩岸和平發展的大格局中被邊緣化。

我們認爲民進黨爲了台灣的利益，爲了能夠重返執政的新局，必須「走出過去的舊城牆」，重建新的政治碉堡，必須拆除「台獨黨綱」的政治圖騰與歷史記憶，重新找到新的民、共對話與互信往來的政治基礎，凍獨或是提出「中華民國前途決議文」應該是最佳的政治選擇與解套之計。

二〇一四・一・七

3 賴清德台獨論的政治表演

最近，由於台南市長賴清德登陸訪問的「台獨論」獲得民進黨中央的加持背書，賴清德的政治行情更加水漲船高，台灣的本土社團與台獨大老辜寬敏不約而同表達支持賴清德選總統的立場。至於一連舉行兩天的民進黨立法院臨時會前政策擴大會議，對於自由經濟示範區特別條例草案的審查立場與態度也轉趨強硬，除了質疑自經區是馬英九總統二〇一一年爲了連任總統所提出的概念，如同馬在二〇〇七年提出「兩岸共同市場」一樣，是要和中共結合在一起，邏輯思考上有嚴重錯誤外，更主張將該草案全面修正，以嚴謹標準挑選，求精不求多。

顯然，目前民進黨內的政治氛圍是不打算面對處理台獨黨綱的問題，繼續以「台灣前途決議文」爲基礎來處理對中問題，而對於自由經濟示範區的爭議問題則採取整合黨內共識、中央與地方口徑一致對外並嚴格審查的立場，表面上看起來是贊成自經區的設置，但實質上則是反對「開後門」、「拼盤雜燴」、「天女散花」方式的自經區。

原本表達願與國台辦主任張志軍會面，並進一步在臉書上發文表示，民進黨歡迎中方的官員到台灣來進行非政治目的之參訪的蔡英文主席，雖未改變對中善意的交流立場，在對中政策的判斷與選擇上，則偏向與學運等公民社會團體表達示好的態度，對自經區的設置採取嚴格的審查標準。

事實上，賴清德的台獨論述雖贏得黨內支持的掌聲，蔡英文也以賴的談話「表達民進黨成長的歷史軌跡，將有助雙方進一步相互理解」，間接肯定賴的說法，可是賴市長的說法眞的就沒有問題嗎？賴清德表示，民主進步黨在一九九九年就通過台灣前途決議文，就是尊重兩千三百萬人民的決定，固然台獨是民進黨主張，但程序上尊重人民的決定；這是經過社會極大共識，陳水扁就是用這樣主張參選，並當選總統；凍結台獨黨綱沒有辦法解決台灣獨立的主張。台灣社會是先有民進黨，才有台灣獨立主張？還是先有台灣獨立主張，才有民進黨？如果不了解清楚，去處理台獨黨綱，沒辦法解決問題。

民進黨的台灣前途決議文主張：「台灣是一主權獨立國家，任何有關獨立現狀的更動，必須經由台灣全體住民以公民投票的方式決定」，該決議文主要的精神是在修正一九九一年通過的「台獨黨綱」所標榜的「建立主權獨立自主的台灣共和國」訴求，所以，台灣既然已經是一個主權獨立的國家，不用再搞獨立建國的運動。正因爲如此，台灣社會認爲民進黨已經修改了改國號、改國旗等台獨建國基本立場，朝向維持現狀的務實台獨路線發展，往中間路線靠攏，所以，等同認同「台灣就是中華民國，中華民國就是台灣」的基本價值，與當時的國民黨立場相距不遠。再加上當時國民黨的內部分裂，連戰與宋楚瑜鷸蚌相爭的結果，陳水扁漁翁得利；且因以台灣前途決議文修正台獨黨綱而當選總統，根本與標舉台獨主張沒有任何關連。顯然，賴清德移花接木且亂點鴛鴦譜的說法與「民進黨成長歷史的軌跡」是有所差距，賴清德的登陸其實是故意講一些似是而非、顛倒事實的說法，以爭取獨派選票與政治資源，根本就是在玩兩面手法。

其次，賴清德說：「凍結台獨黨綱沒有辦法解決台灣獨立的主張」，這是對的，畢竟台灣社會不是只有民進黨在主張台獨，還有很多非民進黨或非獨派團體也主張台獨，但台獨的政治光譜是有很多的政治選項與不同意義，有的人要獨立建國，有的人要改國號、國旗，有的人要修憲改領土、主權，也有的人是主張維持現狀的台灣，更有的人認爲「認同中華民國」就是主張獨立。在台灣內部目前是沒有共識的政治意見與主張，目前的民進黨內部也沒有完全一致的看法與共識，因此，凍結台獨黨綱確實也沒有辦法解決台灣獨立的主張與問題。

然而，民進黨是否應該凍結台獨黨綱？這是一個政黨的政治心態與態度問題，是民進黨想不想藉此打開民、共對立政治僵局以解開兩岸政治罩門的政治問題，跟能不能解決台灣獨立的問題是一個風馬牛不相及的「假命題」，賴清德把這兩者毫無關連的政治問題作不當的政治連結，並藉此反駁或迴避凍結台獨黨綱的中方學者提問，其實也只是牽強附會的政治表演而已，根本難登大雅之堂！

或許，蔡英文對自經區的重砲批評是外界解讀的「反國民黨不反中」，也或許賴清德的「台獨論」政治目的不是故意衝著中方主人「洗臉」、「潑水」。但對中共當局而言，蔡英文是著眼於台灣產業經濟生存發展命脈的整體策略思考，未必有意「反中」，但賴清德的登陸訪中高舉台獨大旗政治動作，則是別有企圖的政治算計，拿反中價值觀來累積個人的政治利益與籌碼，以收割獨派政治資源，兩者的政治目的與本質卻是各異其趣、有所區隔。中共當局應該是點滴在心理解其政治差異之處，才會在國台辦例行記者會中重申反台獨的立場，並強調「任何涉及中國主權和領土完整的問題，必須由台灣同胞在內的全體中國人民共同決定」的既定立場。雖未直接點名批判賴清德，但卻意有所指的反駁賴清德的台獨論調，顯然，他們對蔡英文主席還是有所期待，保留未來更多善意互動的往來交流機會與空間，而對賴清德恐怕以後就只能吃閉門羹的份了。

二〇一四・六・十一

4 民進黨凍獨的政治效用與價值

民進黨前立委陳昭南、郭正亮等人透過黨代表連署提案要求民進黨全代會凍結「已完成歷史階段性任務」的台獨黨綱，以符合當前國際秩序、凝聚台灣共識、避免兩岸衝突、確保台海和平，並爭取民進黨重返執政。

對此，民進黨多位青壯派立委紛紛表達沒有必要再處理的立場，立委管碧玲認爲，如果爲了和中國交流而改，就是自我矮化，更不用執政了！立委蔡其昌則表示，現在討論凍結台獨黨綱的意義不大，因台灣前途決議文已一定程度取代台獨黨綱，沒有必要再處理，且台獨黨綱就像牌位放在神明桌上，「要不要拜就看子孫誠意」。

顯然，從去年十二月民進黨立院黨團總召柯建銘提出凍獨主張，以爲民進黨兩岸政策形塑新時代的世界觀與格局，到陳昭南、郭正亮前立委準備在全代會提案討論凍獨案，民進黨內部的主流意見並不認爲凍獨是其解開兩岸罩門的方法，也未必有利於民進黨重返執政。

其實，凍獨與否是政治價值判斷與策略選擇的問題，既不會因此改變「台灣是一個主權獨立國家，國號叫做中華民國」的政治事實，也不會因此就意味著民進黨放棄捍衛台灣主權現狀的基本立場與政治價值，否則，民進黨豈會在一九九九年通過取代台獨黨綱，實質上就是凍結台獨黨綱的「台灣前途決議文」呢？民進黨雖然放棄台獨黨綱所標榜的「建立主權獨立自主的台灣共和國」訴求，往台灣前途決議文「任何有關係獨立現狀的更動，必須經由台灣全體住民以公民投票的方式決定」的務實路線靠攏，既獲得台灣社會與國際社會的認同與支持，也同時因此掃除「台獨黨」的政治包袱，再加上當時國民黨內部分裂的結果，陳水扁因而當選兩千年的總統，民進黨首次實現政黨輪替的政治理想，難道民進黨是因為因此就放棄基本立場與政治價值而取得執政嗎？

凍獨的政治意義與價值，是民進黨做為一個準備執政的最大反對黨，展現「穩定執政」、「維持台海現狀」政治決心的信任保證，是政治心態與負責任態度的問題，既然民進黨可以實質凍結台獨黨綱以扭轉外界台獨黨的政治印象，為什麼還要「抱殘守缺」反對形式上凍結台獨黨綱的政治主張與提案呢？新上任的主席蔡英文其實該認眞思考支持凍獨，來爭取台灣多數民眾的信任以及國際社會的支持，這才是帶領民進黨務實轉型的黨主席，可以發揮政治勇氣與承擔精神的領導魄力重大考驗。

凍獨的提案不是爲了討好中共，也並非因爲中共國台辦主任張志軍即將首次訪台而刻意提出，這是民進黨內部的歧見必須加以整合的棘手政治問題。台獨黨綱雖已被台灣前途決議文所取代而名存實亡，但就連台南市長賴清德登陸時都還會發生「陳水扁就是用台獨黨綱主張參選而當選總統」的張冠李戴的情形，或許是昧於事實的謬誤論證，或許是賴市長本人也搞不清楚當時實質凍結台獨黨綱的政治意涵。因此，民進黨是該採取負責任的態度來正視台獨黨綱的問題，而不是以訛傳訛、顚倒是非讓人搞不清楚「民進黨成長的歷史軌跡」，讓對手可以見縫插針，誣控民進黨還是個只想建國的台獨政黨！

民進黨成長的歷史軌跡是「去獨化」的政治動態過程，從一九八八年「四一七決議文」的四個如果、一九九〇年「一〇〇七決議文」的事實主權、一九九一年的台獨黨綱到一九九九年的台灣前途決議文，以及陳水扁前總統執政時期所提出的「四不一沒有」、「未來一個中國」與「政治統合論」，蔡英文主席二〇一二年參選總統提出「台灣就是中華民國，中華民國就是台灣」，民進黨就是往「維持台灣現狀」的務實發展，不採台獨建國的激進台獨路線。倘若今天就連凍結台獨黨綱的提案，都不能在民進黨的全代會或中執會中加以討論處理？則民進黨又如何能讓外界清楚認知，民進黨眞的已經放棄台獨建國的政治立場？是眞的願意縱使再度執政也不會繼續搞台獨成爲「麻煩製造者」呢？

民進黨對中政策的共識意見是「積極交流」，中共國台辦前副主任孫亞夫訪台時刻意拜會台獨大老辜寬敏的新台灣智庫，增進雙方的溝通與交流，張志軍主任即將來台訪問，也刻意安排與陳菊市長會面，這是民、共之間難得相互展現溝通誠意與善意的政治性突破，大家都應該彼此珍惜！畢竟，這是民、共和解與推動兩岸和平發展的政治契機，此時，民進黨內的有識之士願意率先提案凍獨，為兩岸關係的發展鋪墊基石，願意為民進黨的重返執政掃除政治障礙，縱使最後在全代會還不容易形成共識而加以通過，但至少也是代表民進黨對中政策務實轉型的「一大步」，倘若民進黨中央願意對凍獨提案在未來新中執會中有正面的處理方式，保留明年臨全會可以更有彈性且務實的政治處理空間，我們相信，這應該對民進黨未來扭轉反中政治形象，證明民進黨有能力處理兩岸事務有相當大的幫助。

二〇一四・六・二十

民進黨凍獨爭議的解決方案

台獨是政治信仰，是政治符號，是中共與民進黨互動交流最大的政治障礙。在民進黨內部，「凍獨」與「落實台獨」都說是要救民進黨、救台灣，爲什麼追求相同的政治目的卻有這兩個極端對立與矛盾的政治主張呢？到底問題出在哪裡？這是民進黨必須面對處理的關鍵問題。可惜的是，民進黨全代會是派系角力爭地盤的地方，是換票、騙票的政治交易中心，既無能力面對台獨黨綱的根本問題，也不願真心解決台獨黨綱、台灣前途決議文與正常國家決議文三者相互糾葛、爭議的混亂、矛盾之處，這就是目前民進黨最爲人所詬病的政治困境與問題。

日前，獨派會師重批蔡英文主席，「若敢凍獨，人民會凍結民進黨」，民進黨認爲凍結台獨黨綱可以爲中國政策解套，這是一廂情願的想法，委屈不能求全，只會自我閹割。台獨聯盟主席陳南天表示，國民黨與民進黨的差別，在於民進黨是台灣爲主體，國民黨是中國爲主體，如果民進黨拿掉台獨主張，和國民黨有什麼兩樣？蔡英文說：「中華民國就是台灣，台灣就是中華民國」的說法，讓國民黨有統治正當性，他認為，台灣就是台灣，不希望看到民進黨國民黨化，台灣香港化。

按照獨派的說法，民進黨是該高舉台獨大旗才能打贏選舉，打敗國民黨，那麼，民進黨內為什麼還要在一九九九年通過台灣前途決議文來取代台獨黨綱「建立台灣共和國」的主張以爭取多數選民的認同呢？是政治策略的權謀運作？或者只是獨派人士一廂情願的政治認知錯誤所致？否則，從兩千年的總統大選至今，民進黨內的主流思想與選戰主軸都是以台灣前途決議文為根據而非台獨黨綱呢？

是民進黨不敢承認台獨建國的訴求已經過時，須加以凍結或廢除？或者不敢明白支持台獨建國主張以落實台獨黨綱的政治目標呢？無論如何，做為一個準備執政的台灣最大在野政黨，總要給一個清清楚楚的答案，讓人民有所選擇與判斷！因為，猶抱琵琶半遮面的台灣前途定位問題不能含糊帶過，主張「台灣是一個主權獨立的國家，國號就是中華民國」的民進黨，與國民黨所說的「中華民國就是一個主權獨立的國家」，本質上原本就是相同的東西，雙方競爭的關鍵是政治意涵所側重詮釋的角度方向與其所涵蓋的政策主張差異之處，重點根本不在「台獨」問題！

因此，凍不凍結台獨黨綱，從來就不是拋不拋棄黨魂的政治道德與人格問題，而是政治選擇與價值判斷的問題，凍結台獨黨綱，民進黨也不會從此就變成國民黨化，也不會無法與國民黨相區隔、相競爭。重要的是，民進黨有沒有能力在強調台灣主體性的基礎下，找到可以立足台灣、放眼世界與平衡中國的政、經、社會「政略」方案，而不是在台獨或統一的政治對立圖騰情緒的漩渦中難以自拔或脫困？

民進黨要不要或能不能凍獨原本就是一大政治難題，其中也牽扯太多的政治情緒與情感的問題，雖短暫時間難以獲致共識加以處理，但爲了展現負責任的政治態度，給台灣人民與國際社會一個清楚的立場與交待，是該嚴肅評估、考慮以台獨黨綱、台灣前途決議文及正常國家決議文作統合處理並提出新決議文的時機與內容了，期許民進黨中執會及中國事務委員會能夠排除萬難認眞研究，「想想」如何拿出一個展現民進黨基本精神與價值理念，並能讓台灣內部、國際社會與對岸都能耳目一新的「新決議文」。

二〇一四・七・十八

6 正確判讀
蔡英文擱置凍獨案的政治思維

民進黨全代會蔡英文技巧擱置凍獨提案送交中執會研議、討論，並表示「有必要時，不排除再開全代會處理」。各方解讀不一，有的認爲是「智慧的處理」，可拉大蔡未來在兩岸政策的論述空間，有的解讀是台獨支持度持續上升，凍獨案難在中執會死灰復燃，有的人則直接批判蔡英文，認爲凍獨案最大獲益者是蔡英文，但蔡英文卻擱置了凍獨案，是全天下最沒膽的黨主席。

對照蔡英文在全代會前夕間接表態反凍獨的說法，亦即，「隨著台灣民主化，建構深厚台灣意識，認同台灣、堅持獨立自主的價值，已成年輕世代的天然成分，這樣的事實，這樣的狀態，如何去凍結？如何去廢除？」雖是蔡回應其政治對手前主席蘇貞昌在臉書表示「凍獨與否，黨應及時表態，才能避免誤解」的質疑，但蔡英文此次表態反凍獨的論調顯然是「有備而來」的政治宣示，一方面反對凍獨，另一方面則高舉「台灣前途決議文」既是民進黨內部對台灣主權、台灣前途以及兩岸定位的共識，也已成爲台灣人民的共識。顯然，蔡英文已確立以「台灣前途決議文」爲基礎來形塑其兩岸政策的定位立場，但不會主動去處理台獨黨綱的凍結或落實問題，全代會的技巧擱置凍獨案與落實台獨案等提案交中執會處理而不直接予以封殺，只是爲了黨內和諧避免爭議引發內訌的政治處理策略與技巧，並非預留未來凍獨案的政治處理空間，擺明就是婉轉迂迴地封殺凍獨案的可能性。

既然如此，未來民進黨中執會或中國事務委員會縱使有人主動再提起凍獨案，也必然會被蔡英文以各種理由無限期加以擱置，因此，二〇一六大選前民進黨根本不會也不願意處理台獨黨綱的爭議問題，這就是蔡主席的政治選擇與決斷。換句話說，就如同蔡主席日前接受天下雜誌專訪的「押寶說」，民進黨會以政治實力打贏二〇一四與二〇一六的大選，中共自然就會在兩岸關係上往民進黨方向來調整。民進黨不認爲台獨黨綱是政治障礙，因爲「台灣前途決議文」才是民進黨兩岸定位的最高指導規範與原則。

但觀察中共當局的反應，大陸國台辦在民進黨全代會後隔日即對外表示，台獨是沒有出路的，想以所謂的「台灣前途決議文」來處理兩岸關係也是行不通的，民進黨只有放棄「一邊一國」的台獨主張，才是順乎民意的正確抉擇。雖是老調重調的政治論調，但的確精準判讀蔡英文迂迴處理凍獨案的政治思維脈絡與立場，顯然，中共當局也相當清楚這擺明就是在封殺凍獨案。

因此，目前看起來民、共雙方之間並沒有調整既有政治立場或改變策略，解開彼此交流或和解的困局與僵局，民進黨未來縱使會在兩岸政策展現善意且較爲務實的態度與主張，但其所捍衛的「保護台獨」立場也不會發生動搖，而中共當局縱使願意與個別民進黨人士或相關智庫繼續保持交流互動，但對反台獨的政治堅持也不會因此有所改變或調整。

所以，民、共對立的政治僵局依然無解，兩岸和平發展的推動仍然滿布荊棘，障礙重重，或許這是兩岸關係的政治宿命，也是民、共之間難以打開機會之窗的政治牽絆與包袱。然而，我們還是必須反問蔡英文，如果台獨黨綱眞的就是民進黨重返執政的最後路障，難道眞的還要視而不見不去處理嗎？倘若，民進黨眞的也重返執政了，而台獨黨綱的存在眞的也成爲兩岸交流與民、共互動的政治障礙，難道就不能予以移除嗎？或者眞的就「以不變應萬變」嗎？

二〇一四・七・三十

7 民進黨「是時候」該與台獨黨分道揚鑣了！

繼公投盟總召蔡丁貴等組「自由台灣黨」後，金恒煒、彭明敏、陳師孟等人也準備成立「台灣獨立行動黨」，準備投入明年立委選舉，希望吸引獨派選票，不必民進黨禮讓，不推總統候選人。

金恒煒表示，民進黨在美中壓力下避談台獨，總統參選人蔡英文說要在中華民國憲政體制下維持兩岸關係現狀，但馬英九、洪秀柱也以中華民國憲法談九二共識、一中同表，顯示民進黨已放棄台獨這塊市場。

顯然，民進黨內的台獨深綠人士已經紛紛按捺不住蔡英文近來對中政策往中間靠攏的政治轉身情緒，準備集結台獨勢力成立新政黨，與民進黨分道揚鑣、各自努力。就如同獨派大老吳澧培所言，「台獨行動黨」的目標是擺在不分區立委，未來國會只要加上民進黨和其他理念接近的政黨，就有過半的機會，一來可監督蔡英文，也可監督政府落實轉型正義。

此次獨派人士會選擇不在民進黨內開砲，而以成立新政黨來與民進黨互別苗頭、互有競爭，其實是著眼於蔡英文即將很可能贏得總統大選，且爲了執政利益必須往中間靠攏的客觀政治現實環境下，「台獨勢力」即將面臨被政治邊緣化的結果。因此，爲了牽制執政後的民進黨與蔡英文總統，台獨力量必須在立法院眞正生根茁壯，必須以成立「台獨黨」爭取不分區立委席次的模式，來扮演民進黨國會要過半的「關鍵少數」政治力量，才不會被執政後的民進黨以「官位」利誘的政治安撫手段逐步瓦解台獨勢力。

其實，民進黨與「自由台灣黨」、「台灣行動黨」在政治理念與路線上最大的差別在於，民進黨主張「台灣已經是一個主權獨立的國家，所以不需要追求獨立建國或正名制憲」，而這些台獨政黨則堅決主張「台獨是他們政黨的生命，台灣要獨立建國、正名制憲」。因此，縱使這些本土派、深綠的台獨政黨發起或追隨者支持蔡英文參選總統，但也無法眞正放心蔡英文訪美行所對外宣示的「維持兩岸現狀」與「在中華民國憲政體制下推動兩岸關係發展」的「實質凍獨」或「不獨」政治立場。他們認爲唯有在立法院獨派政黨有關鍵影響力的政治力量，才能發揮牽制、監督蔡英文的政治效能，所以，成立台獨黨是唯一且必要的政治途徑與方法。

對於民進黨而言，與台獨深綠本土政治勢力的分道揚鑣，原本就是時間早晚的問題而已，台獨政黨的成立恰好可以提供民進黨反省檢討台獨黨綱是存或廢，或者加以凍結的政治問題，以台灣內部最大的政治公約數及最低的政治成本衡量，思索面對「如何維持台海和平穩定現狀」的最正確方案。我們相信，這才是準備贏得總統大選重返執政的民進黨，為了台灣兩千三百多萬人的生存福祉，為了以後的穩定執政與經濟發展必須勇敢面對的政治問題及罩門。

以往，民進黨內部只要提到檢討或凍結台獨黨綱，黨內外的深綠台獨勢力總要開砲壓制造成內訌爭議，如今既然這些台獨信仰追隨著願意另起爐灶，成立台獨政黨走自己的路，民進黨除了「尊重多元聲音」外，是該「是時候」與即將新成立的台獨政黨說再見，讓民進黨從此與「台獨黨」分道揚鑣，正確選擇自己該走的政治道路了！

二〇一五．七．三

第七章
民進黨信任執政的兩岸新變局

正因為兩岸問題是民進黨能否重返執政、穩定執政的關鍵。因此，隨著目前兩岸關係發展可能失控的風險因子與敵意螺旋正逐漸升溫，任何錯估形勢的政治偏見與誤判，只會讓兩岸僵局更難突圍。期待民進黨記取人民信任的初衷，化僵局為新局，而非變局。

1 台灣安全的萬里長城：中國民心

民進黨前主席許信良日前在世新大學演講，他表示：「全球化和大陸民心是台灣安全保障最大的兩道萬里長城，只有兩岸關係更開放、更密切，經濟才會發展，台灣才有前途，台灣也應以華人價值聖地自許」。

許信良的論點基礎是，在全球化的世界中，台積電七十％股東是美國，台灣股市有四十到五十％資金來自全球，台灣安危美國也關心，大陸改革開放後賺了三兆美金，買了一點二兆美債，開戰就變成零，他敢打仗嗎？難道大陸不要民主、自由嗎？陸客來台最愛看政論節目，兩岸愈密切、愈開放，大陸民心就是台灣安全最大的萬里長城。

許信良的主張是多麼有自信、有氣魄的大格局思維，一語道破目前兩岸關係發展諸多不必要的人爲政治疑慮與障礙，同時也爲台灣成爲「華人價值聖地」的定位找到出路與方向，這就是台灣小國之所以不會被大陸武力併吞的價值與理由。「全球化」與「大陸民心」就是構築台灣安全最大的萬里長城，是台灣保護自己最大的安全屏障。台灣之所以安全，並不在於有沒有蘇貞昌黨主席口中的「毒蠍計劃」，也不在於向美國買了多少的現代化武器作爲防衛自保的力量，重要的是台灣除了要對世界開放外，更要把握機會對中國大陸開放，陸客、陸生與陸資都應大幅度地開放，這才是台灣最重要的安全保障。因此，台灣的自由、民主和開放，當然就能成爲全世界華人社會的價值聖地。

其實，當年許信良提出「新興民族」、「大膽西進」的主張迄今已近二十年，當時許信良在黨內如同萬箭穿心般，被基本教義派圍攻一路追剿直到一九九九年退出民進黨，如今，時過境遷，證明許信良大膽西進的先知卓見是相當正確的政治判斷，倘若當時的台灣主政者願意採納許信良獨到的政治主張，如今中國大陸許多關鍵性發展的產業與大企業，台灣必然會有其戰略價值的「一席之地」。

可惜的是，在兩岸冷戰思維的主流風潮之下，許信良成爲政治祭品，黯然離開民進黨，退出台灣的政治舞台重心，默默的展開幾年的「大陸之旅」，更貼近瞭解中國大陸崛起的政、經、社會變化，也更加清楚大陸民心的微妙變化及動向。他終於領悟到原來大陸的民心就是台灣安全最大的萬里長城，而台灣的民主、自由文明價值就是引領大陸民心走向世界、走向和平、走向文明的最大動力與動能，台灣與大陸唇齒相依、互利共生才能創造雙贏，才能建造兩岸共同家園的「兩岸夢」，至於未來兩岸是否要走到融合、統合或統一的政治發展，許信良認爲「歐盟模式」是相當適合的可能發展，兩岸朝野與執政當局應該認眞思考其優劣之處與可行性，未來應朝此方向與目標加以舖陳。

許信良是政治先知型的政治家，總扮演「苦行僧」的角色鼓吹兩岸大格局發展的新思維，雖有時因爲曲高和寡而被外界譏諷爲「唐吉軻德」，但事實證明，他的大膽西進主張正是獨領風騷的眞知卓見。如今，他進一步提出「中國大陸民心」是台灣安全最大的萬里長城，是台灣最須珍視的無形天然安全屏障，雖也未必能在兩岸政壇掀起立即的迴響，但我們相信這是相當正確的政治判斷，未來終會成爲大家普遍認知的政治趨勢，值得大家重視之。

二〇一三・六・十

打開民進黨重返執政的兩岸罩門

民進黨的「華山會議」原本就不是為解決該黨的兩岸罩門而進行的九場政治論劍，縱使曾激起「如何處理九二共識」的激辯浪花，與會來賓也是「九二共識」名詞創造者的國安會前秘書長蘇起，表示「九二共識是政治問題，不是學術或科學問題」、「九二共識只是個名詞，政治名詞」、「九二共識不是通關密碼，唸唸，和解之門就打開」、「關鍵在互信，不在名詞」。因此，蘇起對民進黨善意的提出建議，「貴黨與其思考如何處理九二共識或創造新名詞，不如思考如何建立民共互信。如不面對這個互信的難題，而仍只聚焦在如九二共識的名詞上，難題恐依舊無解」。一語道破民進黨目前的兩岸困境，是逢中必反的恐共心態所造成，並不是接不接受、承不承認九二共識這個政治名詞的政治問題，這才是民、共互信長期以來難以建立的根本癥結點。

也誠如前陸委會主委陳明通在會中拿出了當年的歷史文件影本資料證實了當年的「九二

共識」的確是二〇〇〇年四月二十八日才創造出來的詞句，但不可否認這個虛構的「九二共識」有效地恢復了兩岸的協商，但是它的有效期也在今年六月的「吳習會」以及七月馬回函習的賀電中終結了，虛構的「九二共識」已經被實質的「一中架構」所取代了。

換言之，陳明通其實也承認縱使九二共識是虛構的政治產物，但的確也確實發揮了兩岸恢復協商的政治效用，可是目前已經因爲馬政府的政治退讓而功成身退。國、共之間正朝著如何打造「一中架構」的方向展開新一波的政治對話與協商，此時的民進黨不必也不用再對「九二共識」問題再作處理，而是必須找到「替代方案」，可以建立兩岸互信的基礎，讓兩岸可以進行交流、對話及協商。

其實，蘇起與陳明通的說法有其異曲同工之處，雙方都認爲「九二共識」已經不是問題，毋須再做無謂的政治爭辯，「九二共識」的政治價值在二〇一二大選中已經消耗殆盡，民進黨應該去找到如何建立民、共互信的替代方案，來面對國、共之間「一中架構」新一輪的可能發展與變化。

民進黨的華山會議與中國事務委員會，往後會議該聚焦的兩岸問題應該在「如何建立民、共互信」方向上去下工夫，謝長廷的「憲法共識」、「憲法各表」及陳明通的「憲法一台」主張，以及其他與會來賓提出的中華民國認知論、歷史文化論與中華民國前途決議文等等，基本上都是從正視中華民國與憲法的存在爲出發點，試圖找到可以連接兩岸特殊關係的「政治對接口」來處理兩岸問題，是相當務實理性的新思維，或許因此可以對建立民、共互信的政治基礎，累積更大的政治能量與機會，民進黨更應好好加以把握。

改變民進黨逢中必反的思維、心態與作法是長期的政治工作，對兩岸服務貿易協議草案的理性審查，對「三限六不」陸生政策的部分鬆綁，對大陸配偶參政與服公職年限管制應該評估考量是否適度開放……等等，以及用「中華民國」與「憲法」的台灣共識政治基礎展現與中國大陸適當連結的政治特殊關係，都是民進黨可以維持台灣主體性又兼具開放性精神的務實做法。倘若民進黨可以藉由華山會議與中國事務委員會的黨內共識形成機制，採取正確且務實開放的「對中政策」，勇敢踏出理性開明的第一步，讓外界對民進黨有耳目一新的改觀與信任，則民進黨重返執政的「最後一哩路」至少也是近在咫尺的不遠之處了！

二〇一三・七・二十九

3 蘇、蔡爭大位的信任投票！

緊隨著民進黨內兩大政治領袖謝長廷與賴清德的香港行與兩岸交流活動後，民進黨的第二次華山會議雖然激起「九二共識」政治效用是否已被「一中架構」所取代的論辯火花，但會議當中最引人關注且深思的議題則是蘇起與陳明通兩位前陸委會主委所點出的「如何建立民、共互信」以及「建立兩岸互信基礎的替代方案」，這才是目前民進黨思索、檢討兩岸問題與困局必須面對處理的核心問題。

事實上，「九二共識」的政治圖騰或政治價值已在二〇一二總統大選中發揮的淋漓盡致，民進黨既然已經在選戰當中錯過了正視處理的最佳機會，或許因此也導致了敗選結果，但現在想要去思考如何處理九二共識已不具政治時效與效益。因爲，縱使民進黨現在願意提出九二共識的替代方案，但只要民進黨不願意對「台獨黨綱」，「台灣前途決議文」或「正常國家決議文」有所整合或處理，北京當局也不會輕信民進黨眞的有誠意對台獨問題改弦更張。

因此，再去爭論「九二共識」到底存不存在、是虛構的文字或政治名詞，甚至去創造一個新名詞來取代九二共識的字眼，根本不具任何政治意義與價值。民進黨目前根本不可能接受「一中架構」，也不大可能調整「台獨黨綱」與「台灣前途決議文」的政治客觀情勢下，如何創造建立民、共互信的政治機會與空間？並提出如何建立兩岸互信與對話交流的替代方案？恐怕才是問題的關鍵所在。

從謝長廷的「憲法各表」到陳明通提出的「憲法一台」，其實都是以「中華民國」及「憲法」為基礎，試圖找到可以連接兩岸特殊關係的「政治對接口」來處理兩岸問題，本質上並沒有多大的差別，都是在「維護現行國家體制以合情合理處理兩岸關係」，只是謝長廷的說法容易讓人聯想到「一中」，而陳明通的主張則是標榜著「一台」，讓外界各賦予各取所需的政治解讀罷了！

北京當局最在意的兩岸關係發展政治定位是「兩岸同屬一個中國」的一中框架，馬政府雖然用「一中架構」取代了「一中各表」的說法，但還不敢冒然調整其「不統、不獨、不武」的既定政治立場。至於民進黨，目前內部對於「中華民國」只有選擇性的認同，對於「憲法」也存有修憲或制憲的政治歧見與爭議，根本無法務實理性面對這部既成事實且具高修憲門檻的「超級穩定」憲法，又如何能在「維護現行國家體制」的基礎上「合情合理處理兩岸關係」

呢！更遑論能對目前國、共雙方的「一中架構」或「一中框架」政治主張找到可以中間突破的替代方案呢？

要想不要讓九場華山會議的結果被外界說成是「虛晃一招」，要想讓中國事務委員會的政治成效被解讀爲「清談」，民進黨除了需要誠實面對黨內「逢中必反」的政治氛圍與心態外，更要如邱義仁前秘書長所言，民進黨大陸政策主張除了取信於對岸和國際社會外，更應思考如何取信於台灣人民。

中華民國雖是主權獨立的國家，但不要選擇性失憶地把「中華民國領土，依其固有之疆域……」的憲法條文就此抹掉，讓兩岸的「特殊關係」及民族、文化、歷史的政治連結從此化爲烏有，民進黨是該從中華民國憲法的基礎上找到如何與中國大陸相連結的政治共識與歧見，透過政治對話與協商共同解決兩岸的政治難題，而中國大陸也必須在承認中華民國事實存在及與中華民國憲法領土、主權相互重疊的問題上務實面對台灣的人民，則兩岸關係的發展才能進一步提升到「化異求同」的政治終局決定層次上去做處理。

總之，民進黨要重返執政，必須讓台灣人民信任其有能力處理並解決兩岸的問題，陳水扁時代有「台灣前途決議文」，游錫堃擔任黨主席時有「正常國家決議文」，蔡英文擔任黨主席時有「十年政綱」，難道可能尋求黨主席連任及進軍二〇一六總統大位的蘇貞昌主席在任內只能有「華山會議」及「中國事務委員會」的政治空包彈，而提不出能令人耳目一新的中國政策或整合形成共識的「新決議文」，以因應兩岸關係發展的時代變遷與民意需要？

我們相信，民進黨的兩岸困境是全黨必須面對的問題，尤其是兩位最具總統參選條件與機會的蘇貞昌與蔡英文，必須帶頭共同面對的政治難題。我們更衷心期盼，蘇貞昌與蔡英文應該在今年底前後的中國事務委員會會議中拿出爲民進黨兩岸困境解套的可行性方案並形成共識，爲民進黨重返執政之路掃除政治障礙，並且讓台灣人民相信民進黨眞的能擔當重任解決兩岸問題！這是蘇、蔡爭大位的「信任投票」，沒有能力的人就請退出讓賢吧！

二〇一三・七・三十

4 民進黨權力競技的兩岸罩門解套契機

民進黨舉辦八年執政研討會，馬英九的重要智囊、亞太和平基金會董事長趙春山在兩岸政策議題會中表示，民進黨的兩岸政策「對執政沒有準備，也沒有戰略目標」。而獨派大老辜寬敏也在會中與談時指出，民進黨表現最差的就是兩岸政策，陳水扁在中國政策從頭到尾不一貫。顯然，兩位重量級的朝野大老，都認為民進黨八年執政的政績，還是以兩岸政策的表現最難看，不僅政策不連貫，也沒有眞正處理好兩岸關係的發展。

時空移轉，如今馬政府主政五年多以來，外界一般都認為馬總統的無能主政造成今日的民生凋敝、百病叢生，但做得最好的施政卻是兩岸關係的發展。顯然，民進黨是敗在兩岸政治罩門的「最後一哩路」，此政治難題若不加以破解，恐怕國民黨執政再差、再爛，民進黨也不容易贏得台灣過半數選票的支持進而重返執政。

既然如此，為什麼民進黨不願意積極努力，為其兩岸政治罩門尋求解套的方法與對策呢？是其黨內基本教義派仍然有力掣肘中國政策的務實轉型與開放呢？或者是民進黨的領導高層與主流政治菁英不願面對自身的政治弱點去解決問題呢？恐怕還是必須從民進黨的權力結構與派系問題的政治脈絡去找出眞正的答案，或許才能讓外界清楚掌握民進黨中國政策轉型問題的關鍵。

民進黨的權力結構目前是蘇貞昌與蔡英文「雙太陽」的政治競爭關係，他們的政治目標是二〇一六的總統大選，因此，在時機、條件都尙未成熟之際，他們都不願意太早端出新的兩岸政策構想與主張，除非他們其中有人提早「出牌」，所以，在蘇、蔡平衡的政治結構與關係當中，他們似乎都在觀望對方的政治動靜再伺機出招。

謝長廷的二次登陸與香江紅綠對話，促成了新潮流系兩位政治領袖賴清德與陳菊的訪港與登陸城市交流，這原本就是民進黨內兩大派系的兩岸事務主導權之爭，因爲蘇、蔡的按兵不動，所以，謝長廷與新潮流系當然趁機在兩岸路線發展上較勁，積極發展兩岸交流與紅綠對話的「政治旋律」。顯然，他們都相當清楚，民進黨內誰能取得兩岸事務的發言權與主導權，誰就是二〇一六帶領民進黨重返執政的「政治操盤手」，誰就是蘇、蔡任何一人參選總統必須「拉攏」的政治結盟對象。

因此，可以預期的是，民進黨的準總統候選人蘇貞昌及蔡英文可能爲了其「政治前哨戰」黨主席選舉提早出招，在明（二〇一四）年一月的中國事務委員會推出新的決議文。目前雖然還很難預料會有如何的演變？但卻是民進黨兩岸政治罩門可能解套的機會，而謝長廷與新潮流系爲了黨內兩岸事務主導權之爭，也勢必不會放過這次民進黨中國路線轉型之爭的政治契機，可能會適時端出新的決議文提案，對中國政策的定位採取新的觀點爲蘇或蔡鋪陳掠陣。

這是民進黨重返執政的歷史機遇，也是蘇、蔡「決戰黨主席」、前進總統寶座的關鍵戰役，民進黨的中國政策新定位即將呼之欲出，能否解開兩岸罩門的「死結」？就看謝長廷與新潮流系最後的政治較勁及角力了！

二〇一三・八・二十六

5 民進黨可能原地踏步的對中政策？

民進黨的對中政策擴大會議（俗稱華山會議）即將在今（二〇一三）年十二月順利落幕，而中國事務委員會也開完四次會議研擬、討論對中政策的根本走向與策略，隨著華山會議總結報告的即將出爐，明（二〇一四）年一月的中國事務委員會也勢必提出對中政策的可能共識意見，究竟其是否能如許信良前主席所主張的提出新決議文，以取代二〇〇七年通過的「正常國家決議文」？或者如政大教授童振源所主張的「中華民國前途決議文」，做爲解開兩岸罩門的政治良方？外界都感到相當大的期待與關注。

事實上，民進黨主席蘇貞昌相當清楚黨內的主流政治氛圍，「對中政策」可以逐步往中間靠攏，兩岸交流與民、共交流可以繼續加以推動，但不能走得太快、太冒進。因此，若期待蘇貞昌爲了取得黨主席連任的「政績」需要，便誤以爲蘇願意在對中政策採取大幅度的調整，恐怕就是太過樂觀的期待，根本不切實際。

目前看起來，蘇貞昌應該會朝向「穩中求進」的作法，去定調兩岸政策的政治旋律，不會有類似「中華民國前途決議文」的大躍進，充其量就是各大派系與黨內政治領袖相互妥協的對中政策政治共識會順勢推出，以杜外界「清談」之譏的悠悠之口，但難有可以取代台獨黨綱、正常國家決議文的新格局決議文的產出。

然而，倘若衆所期待的民進黨對中政策新共識只能有枝節末端的技術調整，而看不到可以讓台灣民衆感到可以信賴民進黨兩岸事務執政能力體現的政治鋪陳，自然也無法讓北京當局感受到誠意與善意，則恐怕這半年多來民進黨對中政策的「改革」就是一場走味、失敗的政治革命，民進黨的兩岸政治罩門依然無法獲得解套。

民進黨重返執政的「最後一哩路」，原本就是與中國因素相連結的「政治與經濟問題」，技術杯葛兩岸服務貿易協議的審查，的確已經讓民進黨的兩岸經濟問題陷入「逢中必反」覆轍。如今，中國事務委員會倘若繼續抱持兩岸政治冷戰傳統舊思維，無法大幅調整對中政策的基本立場與主張，民進黨更難解開「恐中」、「反中」的政治束縛，其結果，民進黨便等於讓重返執政的最後一哩路變成可能難以跨越的政治鴻溝，難有新的進展。

總之，民進黨雖然打開大門鼓勵黨內同志與中國大陸展開交流與溝通，但對中政治思維的敵對氛圍並未改變，蘇主席雖有意往「中間路線」靠攏，採取較爲務實的對中政策新定位，但也因爲黨主席連任的政治需要，而不敢邁開大步打開兩岸政治罩門的死結，其結果，民進黨的對中政策新共識或許也只能原地踏步、一事難成了！可惜啊！

二〇一三．十一．十五

6 華山列車的「絕命終點站」？

謝長廷的兩次登陸訪問與舉辦香港的紅綠對話論壇，開啓了民、共對話的往來互動與交流，再加上新潮流派系的陳菊與賴清德兩位政治領袖分別參訪中國大陸及香港，爲民、共交流開啓新的政治里程碑，民、共之間雖然還缺乏政治互信以及因爲雙方各自的政治設限尚未正式開通黨際交流，但已經是這二十多年來台灣民主化歷程中最有機會與條件，打開民、共政治對話僵局與建立雙方正常政治關係的絕佳時刻，雙方都該積極把握這個得來不易的政治機遇。

九場華山會議與四場中國事務委員會對兩岸議題與中國政策定位的熱烈討論，在民進黨內部而言，是創黨以來未曾有過的政治歷程，與會的黨內外政治菁英與專家學者紛紛貢獻自己的所知所長，提供多元且具深度的建言，以供民進黨做爲決定兩岸關係發展走向與定位的參考，其政治價值與功能性如同兩岸政策大辯論一樣，具有其承先啓後、繼往開來的政治作用，目的就是在爲台灣找出路，爲民、共的政治對話與交流打造更加堅實的政治基礎，以爲民進黨的重返執政做好最充實得準備。

然而，據了解，一月九日中國事務委員會對華山會議的「總結報告」將做出結論，先前早已有人傳出風聲，其內容偏向「政治大雜燴」，各種多元的聲音與主張紛紛條列出來以供與會委員討論並作成共識決定，有人便形容這是顧身體的政治「維他命」，擺擺樣子、做做姿態，不會有超出現階段民進黨兩岸政策最高指導原則「台灣前途決議文」的內容，對於謝長廷主持會議時所折衝出來的「以憲政共識作爲兩岸對話的基礎」也未必可能通過，而柯建銘總召的「凍結台獨黨綱」主張則可能因爲內部爭議過大難以形成共識而加以擱置。其結果，這場攸關突破民、共交流障礙如何解套，以利民進黨重返執政的「政治大戲」，最後，可能眞的連「牛肉」在哪裡都難找到，更遑論能夠一洗外界解讀「清談」與「政治大拜拜」的質疑及批評。

令人更加擔憂的是，爲了不想讓中國事務委員會眞的一事無成，也不想讓蘇貞昌在任內最重要的政績缺乏「政治亮點」，有人便建議可以在總結報告中加入蘇貞昌在去（二〇一三）年初訪問日本的「民主同盟」主張，全面拉攏美國、日本與韓國來「圍堵中國」，以爲這是維護台灣安全與秩序亞太和平安全的重要策略，完全把兩岸關係與發展放在國際政治的對抗賽局當中，既能堅持台灣的主體性與主體價值，也能讓國際社會能夠協助台灣對抗中國大陸的各種壓力與威逼。

殊不知，倘若如此，則這九場慎重其事的對中政策擴大會議「總結報告」，不僅沒有能夠幫民進黨的兩岸政治罩門加以解套，而且還自己再把「中、日衝突」的問題套在脖子上，讓民進黨揹負更加沉重的政治包袱而難迴旋翻身，這難道對謝長廷、陳菊、賴清德與吳榮義、柯建銘等民主前輩最近做的民、共交流互動的努力有正面助益嗎？說穿了，反而是對他們的政治貢獻狠狠的打了一個耳光！

原本對民進黨中國事務委員會「總結報告」有高度期待的中共當局，會如何看待及反應如此畫蛇添足又充滿政治挑釁意味的新動作呢？是把再度擁抱「反共仇中」、「聯合美、日制中」的民進黨置於兩岸交流政治賽局之外，繼續或明或暗的幫助國民黨繼續執政？又或者改變兩岸和平發展的戰略布局與策略，來逼迫國民黨開啓兩岸政治談判？抑或把兩岸經貿交流的速度與廣度加以放慢、限縮，讓台灣人民更加不滿民進黨的政治作爲？

民進黨該認清兩岸的政治現實環境與台灣民心的變化，中國大陸雖然未必是個好鄰居，但絕對有能力讓台灣的政經社會產生巨大的動盪與衝擊，處在台灣日漸惡劣的經濟與產業環境，民生經濟是首要考量，這是選票的基礎所在，民進黨千萬不要走回頭路惹火上身，甚至再度成為兩岸關係的「麻煩製造者」，讓國民黨繼續漁翁得利、萬年執政。民進黨是該務實面對中國大陸的崛起，調整「反共仇中」、「懼共」的錯誤心態與冷戰對抗政治思維，支持謝長廷的「憲政共識」與柯建銘的「凍獨」主張，揚棄「民主同盟」的荒謬提議，以共創兩岸和平發展的大局。否則，我們不得不擔心隨之而來的中共反應是否會讓民、共交流的窗戶與渠道就此關閉，是否會讓兩岸交流與經貿往來產生逆轉的結果，民進黨是否承受得了？台灣是否有能力面對更惡劣的經濟環境？

總之，民進黨的華山列車應該是啓動民共政治和解、解開民共交流政治障礙的新起點，千萬不要因為錯估形勢或個人政治利益作祟而演變成終結民共互動的「絕命終點站」！

二〇一四・一・七

7 「蘇下蔡上」的民進黨新局

經歷九次華山會議、五次中國事務委員會討論研商的「二〇一四對中政策檢討紀要」，終於出爐，原本充滿極度對中挑釁意味的「民主同盟」圍堵中國的主張刪除了，但凍獨與憲政共識的政治提議也沒有通過，民進黨務實開放的對中路線也形同腰斬。原地踏步的民進黨對中政策結果，說到底，就是宣告蘇貞昌已經淘汰出局的不及格成績單，「蘇下蔡上」新局已經成形，雙太陽領導權之爭終於落幕了。

民進黨的兩岸政策發展與走向，一直以來就是黨內派系鬥爭的政治工具與產物，從四個如果、事實主權定位、台獨黨綱、台灣前途決議文以及正常國家決議文的演變，那一次不是民進黨派系角力的結果，此次出爐的對中政策「檢討紀要」也如出一轍。從類似「綱領性文件」的總結報告，變成比會議記錄政治層次還低的「檢討紀要」，是蔡英文的政治傑作，等於狠狠地甩了蘇貞昌主席一巴掌，就是不要讓蘇貞昌在兩岸政策上有主導權、有成績單，「然後呢?」民進黨的兩岸政策新定位，由蔡英文說了才算數。

蘇貞昌空忙一場的對中政策擴大會議與中國事務委員會，其實就是敗在其猶豫不決、舉棋不定的政治領導性格身上，忽左忽右讓人摸不著頭緒也無從協助幫忙，最後還聽從幕僚建議想搞民主同盟圍堵中國做爲「亮點」，卻不知這原本就是大陸當局把蘇貞昌「定調」爲台獨頑固分子的引火燒身導火線。讓黨內很多政治領袖與派系本來就嗤之以鼻的荒謬之舉，蘇卻反而視如珍寶，難怪一端上中國事務委員會討論便被加以否決摒棄，也因此被蔡英文趁機拉攏其他成員一起「反蘇」，終於破了蘇主席的局，把蘇貞昌擋在連任黨主席的門外!

蘇貞昌雖然錯估形勢、錯失良機，敗在對中政策的政治論劍，其對蔡英文的政治牽制作用還在，也未必從此便消失在政壇之外，但必須痛定思痛、徹底反省自己到底錯在哪裡?從中國事務委員會的名稱爭議、自任委員會召集人到提出民主同盟主張，甚至故意忽視凍結台獨黨綱與憲政共識作爲兩岸對話基礎的作法，都是政治敗筆!殊不知，這些作爲不僅讓民進黨證明兩岸事務處理處理能力的「最後一哩路」成爲寬廣的長河，同時，也讓對岸的中國大陸對他的政治期待完全落空，甚且視之爲政治「異類」，無法開門迎接他試圖登陸的政治布局。蘇貞昌賠了夫人又折兵的政治操作至此已種下敗因，與黨主席連任之路及問鼎總統寶座漸行漸遠。

然而，蔡英文雖然在中國事務委員會的決戰中把蘇貞昌從黨主席淘汰出局，但同時也意味著參選總統的兩岸罩門政治障礙的「石頭」還在，若不在未來時日中處理，恐怕獲勝當選的機會也會成爲問題！

民進黨重返執政的最後一哩路在於「中國因素」，凍獨或重新通過「去獨」的新決議文是好的方向與策略，但必須面對黨內反彈最力的基本教義派、新潮流系與游系，蔡英文若再任黨主席之後，能不能夠對此黨內爭議加以有效排除，確實是未知數，這是蔡英文的政治考驗與挑戰，畢竟她是即將成爲二〇一六民進黨總統候選人的政治領袖，有義務也有責任承擔民進黨最難解的政治習題，如何「去台獨化」以解開民、共交流的政治罩門，以爭取台灣多數選民與大陸當局的支持與信任，是無法迴避的政治挑戰！

塵封已久的台獨黨綱有其階段性的歷史任務，是該功成身退走進歷史塵埃，不該繼續當作「神主牌」加以供奉；歷經十四年多的台灣前途決議文已經無法面對兩岸和平發展新局的新變化，必須與時俱進適時調整新的精神與內涵，創造具備兩岸融合未來前景的政治輪廓與圖像，來處理新時代的兩岸關係變化，迎向新世界局勢的兩岸關係發展新未來。就如同蘇貞昌的政治浮沉一樣，緬懷過去的政治貢獻卻甩脫不了民進黨沉重的歷史包袱，就應該體察政治現實環境急流湧退順利交棒，讓民進黨更多的政治菁英可以接下重擔，爲民進黨，爲台灣找到更具務實開放的「臺灣共識」，尋求兩岸政治、經濟與社會對接及融合的新中國政策，來共同面對兩岸互利雙贏、共存共榮的政治新局。

二〇一四・一・十四

8 請君入甕的統獨大戰政治陷阱

被國民黨所設定且主導議題的「高中歷史新課綱」政治爭議，引發「去台灣化」、「去日本化」與「中國化」的統獨大戰，民進黨中常會決議，綠營執政六縣市拒絕採用新版課綱，將續用二〇一一年通過的舊課綱與教科書。

民進黨主席蘇貞昌表示，此波歷史課綱調整有「三大違背」：違背程序、違背規定、違背歷史。民進黨將結合民間團體及學者專家反對此事，並動員協助所有民間抗議活動；民進黨立院黨團也將在新會期開議後，要求教育部撤回課綱調整案。

看來，原本政治形勢大好的民進黨又將再度陷入「反對到底但又無力阻止」的藍綠政治對抗亂局當中，讓馬政府的無能主政政治禍害，繼續操弄並主宰台灣的未來命運與發展；重蹈覆轍的民進黨，顯然還沒從當年反兩岸ＥＣＦＡ的政治經驗中記取教訓，在馬政府精心布局的政治誘餌與陷阱中再度捲入統獨、省籍與族群對立的政治漩渦而難以自拔。

高中歷史新課綱的爭議本質，不在教育問題，也不在歷史問題，而是眞正的政治問題。把「中國」改爲「中國大陸」，「日本統治時期」改爲「日本殖民統治時期」，對慰安婦的描述增加「被迫」兩字，或許夾雜著課審會、課發會委員個人部分主觀的價值認知，「去日本化」的政治意涵相當濃厚，但並沒有明顯「去台灣化」的政治操作，民進黨根本毋須過度解讀，再度無端捲入「逢中必反」的政治論戰當中。

在台灣內部，原本大多數人就對統獨爭議沒有好感，甚至是有意忽視排斥的政治議題，誰去觸碰此議題誰就容易被看成是操弄省籍、族群情結的政治禍首，這也是民進黨長期以來因爲擺脫不了「台獨黨」的政治印象，而被外界不信任有能力處理好兩岸關係發展的根本原因所在。二〇〇〇年的政黨輪替，除了因爲國民黨的內部分裂外，最重要的原因是當時參選的陳水扁選擇了「新中間路線」，用台灣前途決議文取代了濃厚台獨色彩的台獨黨綱，獲取臺灣人民的認同，進而贏得了總統大選執政八年。

在歷經馬政府四年執政後的臺灣新局，二〇一二年的總統大選，其實民心已經開始思變，蔡英文的當選機會相當高，然而因爲其「十年政綱」並沒有好好處理「九二共識」的問題，甚至還被國、共聯手操弄成反 ECFA 等於「反商」、「反中」，最後只好勉強接受敗在「最後一哩路」的與中國因素相連結的經濟問題，痛失重返執政的政治契機。民進黨雖未必是敗在「九二共識」與「一個中國」問題，但至少可以解讀爲敗在兩岸政治罩門的台獨問題，政治烙印與包袱未除，台灣多數民眾就難接受並信任民進黨有能力處理好兩岸關係，有能力穩定執政。

因此，拆除台獨舊城牆以修補民、共政治關係是民進黨重返執政的重要課題，但不要誤入統獨論戰政治陷阱，並藉以趁機反諷民進黨對中政策的心態與政治氛圍也是關鍵所在，否則台灣多數民眾與北京當局也只會把修廢台獨黨綱的作法與行動，當成是爲了選舉目的所進行的政治權謀工具而已，還是很難從此解開民進黨的兩岸政治罩門。

從陸生、陸配、陸客與陸資的政策調整，到高中歷史新課綱的政治爭議，民進黨是該藉此改變「逢中必反」的政治心態與作爲，重新思索如何與中國大陸和平共存、互利共享的新政、經、社會關係，千萬不要被馬政府所設定且主導的統獨大戰政治煙火所迷惑而再度誤入歧途、自陷險境，畢竟，唯有能夠重返執政才能主導政策、改變政策方向與內容。「高中歷史新課綱」的政治爭議，既是馬政府所主導的引君入甕政治圈套，其意並不在「去台灣化」以扭曲台灣歷史，也並非擁抱中國的「中國化」，而是故意製造讓民進黨陷入統獨大戰的誘敵深入政治陷阱，民進黨實在不需要跟隨馬英九的「魔棒」起舞，把原本就是政治鬥爭的議題，深陷在目前無解的歷史與教育各說各話、仁智互見的政治爭端當中，讓外界誤以爲民進黨又在搞台獨、搞意識形態、搞省籍與族群衝突情緒，而馬政府是在拚兩岸、拚民生、拚經濟的政治假象，讓馬政府繼續執政禍害臺灣！

二〇一四．二．七

9
蔡英文主席應解開「兩國論」的政治包袱

太陽花學運落幕後，雖未邊緣化但與社會脈動逐漸脫節的民進黨內部也產生了微妙的政治變化，現任黨主席蘇貞昌在民意支持度明顯落後於蔡英文的不利情勢下，對外宣布棄選連任黨主席，而不願與合作盟友蔡英文打對台的謝長廷也隨後順勢退出黨主席選舉，幾已篤定當選的蔡英文將接棒擔綱，成為領導民進黨重拾人民信任與支持的天王領袖。

蘇貞昌的退選並不意味著他形同放棄二〇一六總統大選的政治競賽，反而是將民進黨長期以來面對的民、共政治對話僵局與兩岸困局的燙手山芋丟給蔡英文去承擔負責，自己躲到幕後，只要蔡英文在未來一年的黨主席任內稍有閃失，便能夠見縫插針取代蔡英文的領導共主地位，再度同台競爭黨內的總統初選。

以退為進的蘇貞昌等於拉長戰線，蓄積再戰的政治能量，避免今（二〇一四）年五月下旬就要與蔡英文直接攤牌開戰，屆時可能被淘汰出局的命運。而蔡英文再任黨主席之後最需面對的，是年底七合一選舉的成敗與兩岸路線定位發展的轉型問題，其中短期內則需面對服貿爭議及宛如「兩國論」的黨版兩岸監督條例，在立法院審查所即將引爆的政治爭議如何解套的難題，蔡英文能否化解台灣社會與北京當局的政治疑慮，妥善處理好重穿「台獨老鞋」的外界質疑？正考驗著蔡英文的政治智慧與格局。

民進黨重返執政的最後一哩路是兩岸政治罩門，民進黨雖有條件支持服貿，但因爲配合學運的政治訴求，反而陷入形同反服貿的政治泥淖而難以脫身，再加上傾向「兩國論」的黨版兩岸協議監督條例草案的政治主張與定位，等同挑戰中國大陸的「法理台獨」敏感政治神經，也與台灣主流社會「維持現況」的政治共識相悖離，更與學運群衆主張的接近「一國兩府」政治定位民間版的兩岸協議監督條例草案有所扞格，縱使蔡英文在黨主席參選登記日時表示，該條例是有「政治層面」問題，但應先聚焦在實體面，也就是「實際有效監督政府對外談判以及對中國談判的過程」。這說法雖有某種程度的說服力，但仍難化解外界的台獨疑慮，恐怕不僅難以通過草案版本，更讓民進黨「逢中必反」的社會印象與政治氛圍深植人心，重返執政之路可能更加遙遠！

總之，進退失據且缺乏戰略眼光與領導格局的蘇貞昌，因爲走回台獨老路，無法解決多數台灣人民對民進黨兩岸事務處理能力的不信任感，又與太陽花學運主導反服貿運動的社會動員力量與有效制衡政府及國會「政治力」難以相抗衡，在兩面不討好的情況下，黯然棄選連任黨主席。繼之而起的蔡英文倘若不能扭轉民進黨逐漸失能的政治困局，又不能在對中政策上改變外界對民進黨的台獨疑慮與政治印象，恐怕國民黨政府表現再爛、再無能，也很難重拾台灣人民對民進黨的信賴與信心。

二〇一四・四・二十一

10 蔡英文兩岸罩門的政治挑戰！

以九十三・七%高得票率再度當選民進黨黨主席的蔡英文，是黨內各大派系眾星拱月的天之驕女，是外界最寄予深切厚望的二〇一六總統熱門人選，盱衡台灣內部政經發展情勢，只剩新北市長朱立倫可以與她相抗衡，她如何帶領民進黨眞正脫胎換骨面對兩岸政治罩門的困境，翻轉外界對民進黨逢中必反的政治印象與觀感？的確是蔡英文無法迴避且必須掙脫的政治束縛，也是能否跨越執政最後一哩路的艱難挑戰。

以民進黨目前的政治氛圍，柯建銘總召所力主的凍結台獨黨綱訴求，要在今（二〇一四）年七月的全代會過關的機會並不高，但能否成爲全代會正式審查討論的議案則具有重要的政治指標意義，蔡英文所主導的全代會究竟如何處理？大陸涉台系統正觀察蔡對中政策是否發出積極訊號的善意回應，也將是中共當局評估未來民、共交流發展程度與深度的重要判斷基礎。

當然，接下來的兩岸服貿協議、兩岸協議監督條例的審查，民進黨究竟採取何種對策與主張？是重在實質審查的內容還是計較名稱的政治定位問題？是刻意地技術杯葛掩飾反服貿的政治意圖還是有條件地支持服貿協議？對於自由經濟示範區特別條例的審查，民進黨中央與地方縣市首長不同調的處理爭議，蔡英文如何成為可以信賴的領導人？蔡英文是否採取整合的立場提出統合的對案版本以資因應？或者又是繼續放任其立院黨團逐條提出對案版本敷衍以對，讓此法案審查無限期加以擱置？這是蔡英文上任後必須直接面對的政治爭議，能否去除逢中必反的政治烙印？關鍵也在於此！

蔡英文雖然身兼中國事務委員會召集人的職位，但是否能夠將兩岸交流、民共交流的事務主導權交由同是該委員會的謝長廷去處理？甚至用召集人授權的方式，由謝長廷或其所倚重的政治顧問許信良，帶領民進黨智庫新境界基金會有關人員與大陸涉台智庫進行多元對話的積極交流？這是考驗蔡英文政治視野與氣度格局的重要關鍵，更是意味著蔡英文能否擺脫黨內基本教義派牽制力量，以展現領導魄力與擔當的重要起手式，這絕對比謝長廷以維新基金會個人名義，或林全以小英基金會代表登陸訪中意義更加重大！

最後，蔡英文在競選電視政見會所提到的「優質兩岸關係與兩岸交流」想法，究竟是如何落實？如何有計畫、有步驟的加以體現執行？如同當年的「台灣共識」競選政見一樣，如何避免外界「空洞化」的質疑？對於「台灣就是中華民國，中華民國就是台灣」的主張究竟如何具體化為政策或黨的政治綱領？是否願意藉此轉化為承認中華民國憲政體制而「默示一中」的政治意涵以解決對岸「一中框架」的要求？

其實，蔡英文原就是最有能力與機會改造民進黨，翻轉外界對民進黨逢中必反的政治印象，這不只是重返執政的民進黨政治罩門，也是民進黨能否贏取人民信賴長期執政、穩定執政的關鍵所在。唯有蔡英文能夠創造機遇解開民、共對立政治僵局，讓兩岸關係發展從此正常化、民主化與透明化，這才是達成優質兩岸關係與兩岸交流最重要的政治鋪墊，也是兩岸關係和平發展推動的重要力量。

二〇一四．五．二十七

11 台灣九合一大選後的兩岸政局發展觀察

國民黨九合一選舉崩盤慘敗，是馬英九、連戰與郝柏村三人共同創造的政治惡果，是國民黨從二〇〇八年執政後逐步毀棄對人民承諾、置人民生死於不顧而「失民心」的政治教訓。病入膏肓的馬政府其實已經積重難返、回天乏術，不是靠撤換閣揆、內閣大幅改組就可以挽回民心，也不是馬英九辭去黨主席職位負起政治責任，便能回應台灣社會的改革需求。畢竟，「民心思變」的政治浪潮，絕非換湯不換藥的換閣揆、辭黨主席的虛應故事政治動作可以翻轉，更不可能因爲國民黨內部接班的權鬥政爭遊戲，而翻轉台灣主流民意與社會情事變遷的新局面，換黨執政已經不是二〇一六的時間問題。

民進黨拿下四都與九個縣市的地方執政權，除了選戰策略政治舖陳得當與大環境有利的理由外，其實沒有「得民心」的過人政治本領來說服民衆「信任執政」，能贏得超越外界的期待的選局，是馬政府表現太爛所造成。民進黨展現「地方包圍中央」的執政態勢與政治格局，主要的關鍵還是對手國民黨自己搞垮自己所致，馬王政爭、太陽花學運與柯文哲旋風的政治效應，種下了今日國民黨幾近敗亡的禍因，民進黨是趁勢助功的政治配角，但絕非就是推倒國民黨政治高牆的眞正主角。

國民黨敗選三大主因

馬王政爭是吹響民心思變政治號角的第一張政治骨牌。馬英九藉由政爭剷除異己王金平，挑動了台灣民衆善良厚道的政治敏感神經：原來國民黨內的權鬥與政爭是不講人情事故與人情義理的冷血追殺，爲了鞏固馬英九的領導威信，爲了掃除兩岸服貿協議的政治障礙，可以翻臉不認人政治誅殺國會議長王金平。這是台灣社會無法容忍的「殺功臣」、「宰人質」的反人性作爲，馬英九總統種下了國民黨敗亡的政治因子。

太陽花學運反服貿黑箱的占領立法院行動，沒有馬王政爭的政治舖陳，哪有可能有當時風起雲湧的政治效應？哪有今天連勝文家族兩岸政商權貴買辦政治事件激發人民反感的政治反撲，造成連勝文兵敗如山倒的慘敗結果？台灣社會公民意識的覺醒，追求社會公平正義的價值觀，年輕人站出來投票的政治輻射效應，造成了九合一大選國民黨崩盤的政治奇跡，太陽花學運絕對是功不可沒的政治催生結果。

柯文哲現象到柯文哲旋風，造成國民黨鐵票部隊的政治基本盤明顯動搖，打破藍綠對決惡鬥僵局，消弭了撕裂省籍族群的對立隔閡。追求社會公平正義的價值觀及理念，不僅在台北市、新北市、桃園市、台中市發酵，也在全台各縣市產生人心思變的政治輻射效應，國民黨慘敗，民進黨漁翁得利，柯文哲的大勝，只是必然的政治結果。

其實，這場選舉眞正的贏家是柯文哲，民進黨只是漁翁得利的收割者。但柯文哲超越藍綠的政治訴求讓國民黨苦嘗政治惡果，同時也讓長期搞藍綠政治對決的民進黨該產生政治警惕。縱使二〇一六可以重返執政，但若不改弦更張回應民心「推倒藍綠高牆」的政治呼喚與氛圍，尋求藍綠政治和解，找到紅綠的政治交集著力點，可能下一次就是民進黨必須再次付出慘痛代價的潰堤結果。畢竟，台灣民怨的疏洪道讓民進黨很有機會重返執政，但倘若民進黨還是因循苟且找不到眞正的出路，要想「穩定執政」也會相當地困難！

台灣九合一大選結果，翻轉了台灣政黨政治發展的政治宿命，台灣百姓用選票教訓國民黨，並不是眞的信任民進黨可以穩定執政，而只是給民進黨「加持」人民的力量去對付、制衡無能主政的國民黨政權。民進黨其實更應反躬自省謙卑面對人民的聲音，拋開藍綠惡鬥的政治宿命與包袱，重建社會公平正義的政治、經濟與社會工程，積極面對兩岸的罩門與民、共對立的僵局，台灣或許才有眞正的燦爛發展的未來與明天。

畢竟藍綠惡鬥的政治內耗，是台灣政經社會發展最大的障礙，國民黨須擔負主要責任而潰堤慘敗，民進黨雖漁翁得利但卻不能迴避責任而完全置身事外。兩黨如何在往後的政局共同面對處理台灣的政、經困境，並解決人民面臨的迫切危機與生計問題，既拋開藍綠對立的政治窠臼，又能藍綠和解共同攜手解決台灣的生存發展威脅？何需等到二〇一六的總統、立委大選結果確定後再來加以面對呢？馬英九與蔡英文的「雙英會」時機，的確已經到來，雙方都應該拋開政黨本位與個人政治利益的思考，來真誠面對台灣百姓的政治需求，共同解決台灣積重難返的政經社會問題。

民進黨準執政的政治格局

二〇一六誰來執政？這次九合一的選舉結果，其實已經明白告訴我們真正的答案！國民黨只能置之死地而後生，準備下台、重新出發；民進黨則需「放大格局」做好執政的準備，來解決台灣人民民怨四起、民不聊生的殘破不堪政局危機。國民黨真正的敵人是自己而非民進黨，民進黨的對手已非國民黨，而是台灣與中國大陸糾葛且複雜的政、經與社會關係發展，這是民進黨真正的政治罩門，是台灣人民能否對民進黨「信任執政」、「穩定執政」的重大政治考驗與難題，從現在開始就需要看到民進黨有沒有能力面對解決兩岸的困境及難題，不是等到二〇一六換黨執政後才政治攤牌。

「準執政黨」民進黨是因爲六年多來國民黨表現太爛、失民心所反射得利的政黨，但人民並沒有足夠的政治信心與信任，把政權交給民進黨來執政。這也就是爲什麼柯文哲可以超越藍綠襲捲台北市選票，還發揮政治輻射效果，帶動民進黨創造十三席縣市長、直轄市長歷史佳績的政治關鍵。本土泛藍、年輕選民與中間選民因爲柯文哲效應在全台各縣市發揮作用，使得大多數選票轉投民進黨，而讓民進黨的得票率與縣市長、縣市議員席次大幅增長。民進黨雖是漁翁得利的政治贏家，可是未來對民進黨則是會用「執政黨」的政治標準來加以檢驗、考驗其政治表現與能力。

民意如流水，藍綠政治板塊已經鬆動，隨時可藍可綠的中間選民與年輕選民，左右藍綠發展的政治動能大幅躍升。兵敗如山倒的國民黨或許六年後才能扳回局面，但民進黨的政治挑戰與執政能力的考驗，現在已經眞正啓動，台灣的民生經濟、貧富差距懸殊與社會公平正義的分配問題，短期內國民黨已無能力解決，而民進黨則必須找對問題並提出解決良方的建議與方向，形成政府切實可行的政策及法案，否則，一切的政治空轉、內耗責任就是由國、民兩黨所需共同承擔與負責，這不是二〇一六由誰執政的問題，而是國、民兩黨終歸由人民雪亮的眼睛所加以終極淘汰的問題。

如何穩定執政才是重要關鍵

贏得九合一大選的民進黨，蔡英文主席在選後首次中常會發表「穩定社會、安定民心」的講話，她表示，「我們絕不自滿，我們之所以得到人民的支持，是因爲人民對執政黨不滿，期待改變，這樣的力量，已經超越政黨對決的格局，讓選舉變成一場運動，民進黨在這波浪潮中，成爲人民力量的承載者。」

顯然，蔡英文主席的確深刻體認到，這次的勝選雖是對國民黨執政的不信任投票，但民進黨尚未贏得信任執政的政治動能，台灣人民是用選票狠狠教訓了執政的國民黨作爲民怨的出口，但超越政黨對決的人民力量並未眞正把希望完全寄托在民進黨身上，柯文哲現象與旋風，正反應出這樣的政治意義及警訊，可藍可綠的中間選民與年輕選票隨時可超越藍綠左右政局發展的結果。因此，蔡英文定調這場選舉的結果，「是人民對於優質治理的期待，而不是政黨競爭的勝敗」，戒愼恐懼的心情溢於言表。

接下來，是民進黨中央與立院黨團及十三個地方執政縣市，如何展現優質治理能力的政治競爭，其政治對手已非無能主政、搖搖欲墜的國民黨政權，而是如何結合社會最大的力量與共識，對於台灣當前所面臨的各種挑戰，共同找尋解決問題的契機與可能。換言之，民進黨必須拋開在野監督制衡的政治格局，以準執政黨的角色處理國家治理與地方建設發展的難題與障礙，超越重返執政的政黨競爭政治侷限，展現「得民心者得天下」的執政能力及格局。

台灣民眾其實已經對僅剩一年半任期的馬政府無所期待，國民黨內換湯不換藥的換閣揆、辭黨魁權鬥接班政爭遊戲更讓人民深惡痛結，換黨執政只是時間問題！然而，民進黨倘若不能以此為鑑，迅速回應人民的政治期待與需求，僅以重返執政做為政治目標，恐怕，縱使能夠達成政黨輪替的結果，也無法贏得多數人民的信賴「穩定執政」。

兩岸問題是民進黨的政治罩門

民進黨要重返執政、穩定執政的政治罩門就是「兩岸問題」，這不是憑藉著「積極交流」的口號或行動便能加以解決，也不是承不承認「九二共識」或凍不凍結台獨黨綱便可迎刃而解。畢竟，支持九二共識的國民黨，並沒有眞正解決台灣民生經濟、貧富差距懸殊、低薪高房價的問題，只是從中造成圖利財團與政商權貴個別的特殊利益不正常現象，如今，反而成為國民黨九合一敗選的眞正原因，馬英九的兩岸政績變成沉重難載的政治包袱，台灣內部的反中價值觀與政治意識因而抬頭。

因此，民進黨要面對的兩岸問題，是如何在穩定兩岸關係和平發展的前提下，共同促成兩岸鞏固交流、深化交流與互利合作的發展基礎，並導正兩岸政商權貴買辦政治的不正常偏差情況，讓台灣人民均享中國大陸經濟崛起的龐大利益。

所以，民進黨未來的國家總體發展藍圖與路線，必須正確處理兩岸問題，必須在「發展與均衡」並同時兼顧世界觀與兩岸觀的原則下，去重建兩岸關係發展的新秩序與價值觀，才能根本解決兩岸政、經與社會發展的關鍵問題，不是採取「從台灣走向世界」、「從世界走向中國」的政經策略便能處理。

同時，大選勝利過後的民進黨，除了結合民間社會的力量推動修憲，以建立權責相符的憲政體制外，更應審慎評估如何整合解決台獨黨綱、台灣前途決議文與正常國家決議文互相矛盾扞格的政治衝突紛爭，擬定符合時代潮流的新決議文或保衛台海和平安全的政治綱領，做為與美國、日本及中國大陸「穩定平衡」的政治對話基礎，以取代「九二共識」、「一中原則」的政治爭議。這或許能夠突破外界對民進黨未來對中政策因九合一勝選會趨向保守的政治基調，讓人刮目相看民進黨還是有能力處理好兩岸問題並寄予更深切期盼的厚望，重要的是，兩岸交流熱絡的政經榮景也不會因為民、共政治僵局而遭受重挫或倒退的結果，對亞太安全秩序的平衡與兩岸關係的長期穩定發展，更有重大的助益，符合大家的共同利益。

兩岸關係錯綜複雜、經緯萬端，牽一髮而動全身，民進黨是該拋下島國心態重新面對中國大陸的崛起與繁榮，爲台海安全與和平善盡政治責任，而大陸當局也應該放下大國優勢的政治心態，不要再用「九二共識」與「一中原則」作爲與民進黨交流互動的政治前提及要件，則兩岸深化交流與互利合作的政治新局必然到來，未來兩岸的政經融合與兩岸一家親的新氣象，才能爲兩岸人民的永久福祉帶來新希望與新契機。

二〇一四．十二．十一

12 民進黨準備重返執政的兩岸新變局?!

最近，柯文哲準市長「巧遇」大陸海協會會長陳德銘的事破局，引發大陸國台辦又搬出「九二共識」做爲與柯交流的前提要件，其實是大陸當局「項莊舞劍、志在沛公」的政治操作。不是衝著柯文哲越俎代庖，幫陳德銘講「被媒體嚇跑」的不當發言，而是對準九合一大選囊括十三席地方執政縣市的民進黨所進行的政治喊話，希望民進黨能夠審慎評估並因應未來兩岸情勢的發展與變化，大陸當局是不會因爲民進黨打贏九合一便轉向往民進黨方向靠攏，也不會因民進黨極有可能重返執政便調整或改變堅持九二共識一個中國原則的基本立場。

柯文哲當選首都市長，是台灣許多主客觀形勢所醞釀積累的結果，原本就不是柯個人有其過人的政治本領或政治魅力所致。這也就是爲什麼柯文哲上未上任市長之前在政策與小內閣人事便發生那麼多的爭議原因，柯文哲政治性格上的快人快語，直率坦言與光明磊落，或許是選舉過程當中容易博取民心及認同的政治利器，但倘若不能在上任市長後立即收斂習性、謹言愼行，恐怕就眞的會像誤闖叢林的小白兔，迅速消耗掉其政治光環與特殊政治形象，從媒體寵兒變成衆人茶餘飯後閒聊譏諷的「小丑市長」！

柯文哲政治上是一言一行動見譫觀，外界是用政治放大鏡在做解讀與檢驗，「政治素人」的蜜月期早就煙消雲散。「反連」的政治反射利益從十一月二十九日當選那一天開始就已船過水無痕，接下來，大家只會聚焦柯文哲做了什麼事、做成什麼事？沒有「推倒藍綠高牆」的政治護身，柯文哲到底有沒有能耐帶領台北市八年後超越新加坡？畢竟，選舉靠的是政治行銷與包裝，當市長要憑藉的是政治智慧、格局、視野與領導能力，柯文哲旋風的時代性任務已經結束，大家要看的是「柯文哲市長」是否能夠翻轉台北市往前躍進，眞正成爲全台灣政經社會發展的政治領頭羊！

從兩岸關係發展來看，明（二〇一五）年「台北．上海城市論壇」是否繼續舉辦？根本不是重要的大事，充其量也只是兩岸互動交流的滄海一粟而已，畢竟，這個城市論壇原本只是郝龍斌前市長點綴政績、大陸當局美化兩岸城市交流業績形象工程各取所需的政治舖墊，對台北市的城市建設、觀光旅遊與產業經濟發展並沒有明顯的幫助。至於對大陸而言，他們現在更重視的是「三中一青」政策的推動與成果，「台北．上海城市論壇」的政治作用及效應是他們未來處理民、共關係的政治突破窗口，政治意義與價値遠高於兩岸經貿交流或城市互動交流的層次。柯文哲市長如果想通這個政治道理與脈絡，就會清楚理解大陸當局爲什麼會欲言又止，把「九二共識」拿來當作交流的前提要件，但卻又不把話說死的原因？

原本預定十二月二十日由桃園與重慶市政府合辦的首屆「桃渝大都會論壇」，爲什麼籌畫許久如今卻面臨取消的結果呢？難道只是因爲桃園由藍轉綠、市長換人，便暫時中止兩岸城市交流嗎？問題當然不會這麼簡單，其背後還是存有大陸當局對台政治布局的全盤考量，是以民進黨爲中心思維的大陸對台城市交流政策，未來該如何處理的政治判斷與決策問題，這是大陸當局年中面對蔡英文主席提出「押寶說」與「台獨是年輕世代天然成分說」後，引發涉台系統暫時擱置與民進黨新境界基金會智庫正式交流。

是以，民進黨在九合一大選空前勝利又極有可能重返執政的客觀情勢發展之下，大陸方面必須重新面對思考未來兩岸城市交流到底該何去何從的重大政治轉折，在尙未下定論決定前，只好先暫時取消「桃渝大都會論壇」的召開，而對於「台北．上海城市論壇」的後續籌畫及可能發展，則必須看民進黨後續對中政策的調整方向與內容再作定奪，柯文哲只是意外被牽連波及，論壇能否在明年順利舉辦？柯文哲市長能否藉此登陸進行城市交流？應該不會用明知其不可能接受的「九二共識」來加以卡關刁難，但至少應該對大陸當局所在意的「一個中國」問題要有某種程度的善意表態，以催促民進黨在兩岸政策定位與發展方面，能有新的突破與具體作爲，否則，民、共智庫交流與執政縣市的兩岸城市交流前景就不會往樂觀的方向開展。

民進黨前主席許信良表示，面對新的世界情勢，民進黨在兩岸議題上須有新的論述，他建議民進黨全代會應該通過新決議文，取代「台灣前途決議文」及「正常國家決議文」爲重返執政做好準備，這也是執政要面對的課題。至於「台獨黨綱」，依民進黨慣例，新決議文出現後自然會「取代」舊決議文，所以黨中央根本沒有必要另行廢除台獨黨綱，「舊決議文既成爲歷史文件，自然就沒有廢除或凍結的必要」。

其實，許信良的說法正是提供民進黨兩岸罩門政治解套的機會與空間，外界雖然認爲民進黨九合一大選勝利後，更難調整對中政策往更開放務實的路線轉型，但民進黨必須認清現實，調整善意對中政策，不僅是兩岸關係和平發展不會發生倒退或翻轉的「重要因子」，也是民進黨重返執政、穩定執政的政治竅門，而且對於目前就在眼前所即將推動的民、共智庫交流與城市交流也是難以迴避的政治關卡，難道只能寄望柯文哲單打獨鬥進行登陸叩關才能順勢調整兩岸政策嗎？

明年農曆年過後，就是民進黨中國事務委員會可能繼續召開的政治時機，民進黨必須認真思考、審慎評估與決定，是否應該採納許信良前主席忠言逆耳的「新決議文」提議，對兩岸政策有新的論述，對「一中問題」有新的回應，並全力在全代會中通過新的對中政綱或新決議文。否則，可能兩岸關係情勢不變，民進黨尚未重返執政便要先遭遇更大的台海危機與兩岸問題，縱使最後能夠重返執政，可能也是政治災難的開始。

二〇一四・十二・十八

13 二〇一五年是民、共關係發展的危機或轉機？

九合一贏得空前勝利的民進黨，其實深知這一場改變台灣政治版圖的期中選舉，只是對國民黨宣洩民怨的不信任投票，民進黨並未真正獲得人民的信任。畢竟，兩岸政治罩門的解套還沒正視處理，九二共識的爭議僵局仍然未解，台灣多數民眾還是擔心重返執政的民進黨無法展現處理兩岸事務的政治能力，縱使能夠執政，兩岸關係和平發展大局未必就不會產生劇烈的變動。

外界普遍認爲，二〇一六大選勝利在望的民進黨，基本上更不會積極調整對中政策的基本價值與思維，因爲去（二〇一四）年年中蔡英文主席曾經說過，「只要民進黨打贏二〇一四的九合一選舉，連中國都會朝民進黨的方向來調整，兩岸關係不會因爲政黨輪替受到影響。」如今既然打贏選戰，中國大陸自然就會對民進黨「押寶」，民進黨根本不用調整中國政策便能贏得執政。

然而，蔡英文當時的說法的確相當程度惹惱了中共當局，他們認爲蔡是在刻意挑釁大陸的政治底限，再加上當時蔡主席「台獨是年輕世代的天然成分」說法，等於是火上加油，直接挑動大陸領導當局的政治敏感神經，導致了當時正在籌劃準備的民、共智庫交流活動擱淺。民、共微妙的政治互動關係從此陷入僵局，就連新境界基金會智庫人員想登陸參加兩岸的研討會活動，都因對岸卡關而無法順利成行。

如今，民進黨拿下九合一大選的勝利，距離二〇一六大選的勝利只剩最後半哩路，大陸涉台系統也幾乎認定蔡英文即將順勢坐上總統寶座。可是，大陸當局並沒有如蔡當時的預測往民進黨方向靠攏，反而，在「共同珍惜兩岸關係發展成果」的前提下，對民進黨改採逐漸緊縮冷卻的政治態度，保守觀望民進黨在不改變基本政治立場的情形下，如何進行民、共智庫交流與城市交流？影響所及，原本不是問題的台北・上海城市論壇的正常交流活動也因此遭受波及，柯文哲能否登陸交流成爲未定之數！

欣聞，歷經一年多的政局變化後，民進黨終於開始意識到了民、共關係目前的微妙變化，準備恢復召開「中國事務委員會」，除擴大納入兩位直轄市長林佳龍與鄭文燦爲當然委員與會外，並即將再延攬二至三名青壯派政治菁英共同開會，就兩岸新情勢進行總體評估與探討。顯然，蔡英文也警覺到「兩岸問題」始終是民進黨的政治軟肋，更是民進黨至今無法獲得台灣多數人民信賴執政的重要信心政治指標，若能儘早面對處理，適時調整對中政策的開放與善意，不僅對民進黨的重返執政有正面加分的作用，而且對於執政後如何穩定執政也有相當程度的幫助，民進黨在展現「地方包圍中央」的政治實力與格局之後，更應積極面對民、共政治僵局的解套問題。

居於「準執政」地位的民進黨，或許可以「等待執政」再來正視民、共關係與兩岸問題，可是因此很可能錯失時機遭受更大的政治挑戰與障礙，兩岸關係和平發展大局屆時產生根本的翻轉與變化，便可能爲時已晚！

二〇一五年國民黨政權日暮西山，馬政府只能到處滅火無暇兼顧兩岸關係的發展，處在新舊勢力政治交替的準黨主席朱立倫，雖有心藉由國共論壇的召開進行國共領導人的會面，但其政治作用與價值已相對降低。畢竟，準備淪爲在野黨的國民黨，此時的作用與能耐，就只是大陸當局藉機施壓民進黨調整對中政策的政治工具而已，根本無法與中國大陸有積極發展的政治突破功能。倘若，民進黨能夠在此時機，積極正視處理民、共關係的政治障礙，提出雙方可以忍受或接受的九二共識替代方案，徹底打開民、共對立的政治僵局，將是事半功倍的結果，這對兩岸關係的發展或許可能才是化危機爲轉機的長遠之計。

二〇一五．一．八

14 民進黨原地打轉的對中政策決議

民進黨主席蔡英文在重啓召開的中國事務委員會中致詞表示，「國共雙方以其共同定義的兩岸關係框架，意圖將民進黨邊緣化，也造成部分人民誤解民進黨的政策及處理兩岸關係的能力」、「未來推動兩岸關係，必須有利於國家自由民主發展，有利於區域和平穩定，有利於兩岸互惠互利交往」。因此，她認爲，「擴大執政縣市處理兩岸事務的能量，是現階段的優先事項，也是強化人民對民進黨處理兩岸事務信賴的重要起點；中國事務委員會也有責任，爲強化民進黨兩岸論述及未來處理兩岸事務的能力作更多準備，一步一步地穩健面對兩岸議題，讓人民對民進黨有更大的信心。」

會中也通過決議，建請各縣市可參酌高雄市「兩岸小組」的作法，建立處理兩岸事務之機制，再透過縣市聯合治理平台進行研討、分享資訊，讓兩岸事務成爲各縣市的共同議題。

顯然，民進黨中國事務委員會是採取否定「九二共識」的立場爲出發點，希望未來能以擴大執政縣市處理兩岸事務的能量，來強化台灣人民對民進黨處理兩岸事務的信賴感；而具體的操作方法則由執政縣市成立「兩岸小組」，並透過縣市聯合治理平台在經驗、資訊、資源、運作等方面互通有無，共同分享，由黨中央「有效控管」各執政縣市的兩岸交流活動內容及脈動。總括而言，蔡英文其實是想透過這些機制與運作，來統合黨內重要黨公職，包括立委、縣市長等人，對兩岸政策的一致性，希望不要有各自為政、各吹一把號的內部競爭情勢發生，基本上是整合黨內兩岸政治主張的對內作為，是蔡英文主席獨攬綠營兩岸話語權的政治體現，真正對外的立場還是反對九二共識、贊成兩岸進行積極交流。

問題是，九合一大選贏得空前勝利的民進黨，雖然主客觀情勢都很有機會在二〇一六重返執政，但持續反對九二共識卻又無法提出具操作可行性的政治替代方案，真的能夠持續進行執政縣市與中國大陸的城市交流嗎？大陸當局是否可能因為雙方沒有共識基礎及政治互信，而改變或調整民、共之間的城市交流範圍與政治層次呢？倘若，大陸當局故意因此政治障礙或前提，而中止與民進黨執政縣市的交流互動，則民進黨又如何能夠擴大執政縣市處理兩岸事務的能量？更又如何強化人民對民進黨處理兩岸事務的信賴感呢？

據了解，大陸涉台系統正在打算緊縮與民進黨的政治互動關係，甚至就連與民進黨各執政縣市的城市交流發展也可能逐漸冷卻，以施壓民進黨調整對中政策，往更開放的方向務實轉型。大陸當局雖未必堅持民進黨必須百分之百接受九二共識或一中原則，但也希望至少能夠展現具體的善意，對台獨黨綱與台灣前途決議文作某程度的處理或修正，並往「一中憲法」方向靠攏。然而，以目前蔡英文在中國事務委員會致詞時所展現的政治立場及態度上，似乎已經難有政治退讓的轉圜空間與氛圍。民、共互動政治關係勢必因此降至冰點，就連民、共之間的城市交流與智庫交流活動都必然遭受嚴重波及。

兩岸關係和平發展的政治成果應該加以珍惜，民進黨雖然已經從在野黨變成準執政黨，或許距離重返執政只剩下半哩路，但在兩岸關係的發展與推動上則明顯與台灣民眾的期待有相當距離的政治落差存在，這是民進黨的政治罩門，也是兩岸關係發展上的重大政治缺憾，為了重返執政、穩定執政以爭取人民的信賴，民進黨是該調整思維，誠心面對兩岸難題，共同為兩岸的政經社會融合加把勁了！

二〇一五・一・二十二

15 美國提早施壓蔡英文的政治前奏！

美國在台協會退休不久的前執行理事施藍旗在華府智庫的研討會上表示，民進黨去年在選舉中的表現，讓美國政府必須好好思考二〇一六年總統大選結果對台海的可能影響，美國行政部門，「已經—未來也會—積極尋找機會，悄悄對民進黨領導階層—特別是蔡英文施壓」，希望蔡等人提出方案，「試著縮小台灣與中國的分歧」，同時也讓美國和其他國家信服。

對此，與美國關係相當密切的民進黨秘書長吳釗燮雖回應表示，「這位退休的前官員，其談話未經授權，僅屬個人意見，也不代表美國政府，希望其談話不要被錯誤引申，影響台灣民主選舉」。但為了慎重起見，黨主席蔡英文也親自回應表示，民進黨的兩岸政策就是兩岸關係必須維持和平穩定，民進黨會盡最大力量維持現狀，重要的是，台灣與各方都保持好的溝通狀態，讓整個關係在處理過程中，不會出現誤判或誤解，這就是互信基礎的建立。明顯地，蔡對吳的說法是「有所保留」但又不願意自己打臉造成內訌尷尬局面。

顯然，美國政府已經對蔡英文的可能當選總統有所認知與判斷，正期待蔡英文能夠在大選前提出具體因應九二共識的政治方案，以免未來台海情勢陷入緊張衝突的對立局面，損及各方的利益。此從美國先派出重量級的親台代表，聯邦衆議院外交委員會羅伊斯主席率團訪台第一站便先會見蔡英文溝通，數日後不久便由退休官員施藍旗表述美國方面對民進黨與蔡英文的不放心與政治疑慮可知，美國方面目前並不滿意蔡英文處理兩岸關係的態度及思維，希望蔡英文能夠在訪美前做好準備，具體回應確保台海安全的兩岸新論述。

其實從施藍旗表述的內容，「重要的是民進黨領導人要找到方法縮短差距，不必一定要說，『我們接受九二共識』，共識可以依大家的認知各自解讀，但民進黨必須展現他們了解問題的嚴肅性，不能閃躲，找到一個可以關照到中國、美國和希望維持現狀的台灣民衆的方案」，便可以得知，美國方面眞正期待的是，蔡英文可以提出一個「各自解讀」的一中方案，既不損及台灣的政治利益，但又可呼應美、中方面現實政治環境的某種政治默契，如果民進黨及蔡英文不能體認到該問題與方向上的嚴肅性，恐怕美國與中國都會繼續升高政治施壓的層級與力度來對付民進黨與蔡英文。

因此，民進黨與蔡英文應該體認到美、中的主觀期待與政治疑慮，以維持兩岸的和平與穩定爲重返執政的重要政治課題，認眞評估考量凍結台獨黨綱與正視處理九二共識的可能替代方案。尤其是對於「一中原則」的核心爭議問題，提出可以各自解讀的新政治論述，例如：承認「一中憲法」的政治定位與體制；建構「未來一中的兩岸文明共同體」；擬定「中華民國決議文」……等等，都是某種程度可以讓各方忍受或接受的可能政治共識。

民進黨重返執政的最後一哩路，雖然未必就是兩岸關係問題，但兩岸問題至少是台灣民眾目前不放心、不信任民進黨可以穩定執政的重要關鍵，美國方面正期待準備執政的民進黨可以嚴肅面對兩岸問題，並提出可以「各自解讀」的一中方案來取代九二共識的政治爭議，這是蔡英文主席領導民進黨必須勇於面對的政治難題，也是蔡英文「準總統」訪美之前無法閃躲迴避的政治考驗與檢驗，正等待著蔡英文如何因應解決這道相當艱難的政治習題！

二〇一五・三・二十六

16 民進黨全代會應解決「信任執政」的危機

不管信藍或信綠，除了極少數人個別特殊認知外，二〇一六的總統大選，大概就是蔡英文要當選了，可是，在台灣內部還是有很多人不放心民進黨執政眞的能夠搞好民生經濟發展與兩岸關係的複雜問題，這不僅是台灣民衆對民進黨重返執政的「信任危機」，也是對目前台灣所處的嚴酷政、經與社會環境感到束手無策、憂心忡忡所致。畢竟，七年多來馬政府無能主政、失能領導所造成的千瘡百孔國家亂象與敗象，的確積重難返，人民對政府的信心已幾近崩潰邊緣，蔡英文到底有何本事「點亮台灣」？宋楚瑜究竟有何能耐「爲台灣找到出路」？更不要說認爲「中華民國不存在」的洪秀柱有何本領可以翻轉台灣？

針對最近人民幣的重貶，台灣經濟要如何因應？蔡英文表示，台灣經濟與國際經濟面臨嚴峻的時刻，預估將來一段時間，無論全球經濟或台灣經濟，都會進入非常艱困的時刻，這是台灣在二戰以來，面臨最嚴峻的經濟挑戰，大家要嚴肅面對。問題是，可以看到台灣經濟嚴峻問題的蔡英文，眞的能夠找到對症下藥的對策嗎？民進黨智庫近年來積極努力結合學術界與產業界，所研擬的台灣經濟戰略規劃的內容雖尙未曝光，但眞的能夠解決台灣產業發展的經濟困境嗎？目前，我們只能抱持「姑且信之」的懷疑態度，等待蔡英文將來爲我們大家揭曉答案！

蔡英文「維持現狀」、「穩定台海和平」、「回歸中華民國憲政體制推動兩岸關係發展」的兩岸政治主張，雖能去除外界對民進黨重返執政會搞台獨的政治疑慮，但只是消極的政治效果，並未能夠解決兩岸關係發展的政治難題，也因爲欠缺與對岸展現和解與合作的政治交集或政治共識基礎之「積極動能」，外界至今並不看好執政後的蔡英文可以搞好兩岸關係，可以展現兩岸事務處理的能力。這是台灣民眾對蔡英文最不放心的政治疑慮，也是民進黨重返執政後最難解決的政治罩門，若不能有具說服力的新政治主張或新政治動作出現，恐怕還是民進黨執政後難以克服的「穩定執政」最大的政治障礙。

因此，九月十九日的民進黨全代會召開，是個重要的政治轉折契機，倘若民進黨全黨只沉醉於即將勝選的歡樂氣氛，而感受不到外界對蔡英文及民進黨無法「信任執政」的質疑及焦慮感，最後只淪爲政治大拜拜的嘉年華會，恐怕台灣民眾就會對蔡英文及民進黨感到灰心，難以寄以任何的期待與希望。

民意如流水，如何體察民意、掌握民意的走向並適時反映民意，是一個準備執政的政黨該有的基本政治能力，但更重要的是要找對方向與方法解決民意的需求才是正途。國民黨看起來已經盡失民心自我崩解，親民黨縱使有心也無力可回天，台灣目前只剩下民進黨有政治實力與決心，想要以民意爲依歸來找到台灣的出路與希望。可是，面臨台灣嚴峻的經濟挑戰與兩岸困局，民進黨是否眞的能夠找到對策來化解危機？九月十九日的民進黨全代會就是一個重建人民信任執政的好機會，蔡英文能否提出令人耳目一新的台灣經濟戰略發展可行方案，以及「穩定台海和平」的兩岸關係新政治主張，用更積極且正面的態度來突破台灣經濟發展與兩岸政治困境？這是大家都聚焦關心的「信任執政」問題，值得外界觀察之。

二〇一五・八・十三

17 民進黨切莫錯估政黨輪替前後的兩岸新變局！

兩岸關係發展是民進黨的政治軟肋，雖然未必是民進黨重返執政的政治罩門，但卻是民進黨執政後難以迴避的政治課題，甚至是如何穩定執政、維繫台海和平穩定的關鍵問題，民進黨縱使無法接受九二共識、一中原則成爲兩岸關係發展的政治共識基礎，其實也必須找尋雙方可以忍受或接受的替代方案，來化解兩岸可能必須面對的政治僵局。

蔡英文訪問美、日的順利成功，並不意味著就能因此解開兩岸未來發展的政治僵局。畢竟維持兩岸現狀、穩住台海和平並表達與日本共同維持區域和平、穩定及安全的思維及作法，對岸不僅無法接受蔡的模糊空洞政治說詞，更談不上雙方薄弱的政治互信基礎可以因此有所修補加分，當然，反而更會滋生大陸對蔡「聯合美、日抗中」的政治疑慮。有大陸學者甚至指稱「蔡英文南海主張的核心是淡化乃至放棄『U』形線主張，從而爲未來南海局勢與兩岸關係埋下重大隱患」，雖然從蔡英文的南海主張內容來看，未必導出如此嚴重的論點，但也的確反應出大陸涉台單位對蔡的不信任情緒正逐漸升高。

隨著蔡英文勝選總統機會的形勢大增，可想而知，大陸內部的政治焦慮感也勢必加重加深，兩岸敵意螺旋直線上升的結果，民、共關係發展的政治前景只會更形悲觀。不僅大陸涉台系統的鷹派勢力趁勢抬頭，就連民進黨內部也逐漸籠罩著一股「脫中」、「反中」的政治氛圍，根本沒有意識到外界「火車對撞」、「地動山搖」，或者雪崩式斷交、兩岸兩會終止協商、陸客不來台觀光的政治警訊，直接用「狼來了」的故事隱喻，輕描淡寫的看待台灣大選前後的兩岸政治變局。

這似乎也印證前國安會秘書長蘇起日前「台灣安全的新變數」文章的看法，他認爲「最近兩件與台灣安全直接相關的重大消息，遭到台灣兩大政黨的漠視」。這兩大消息其一是美國兩岸問題專家任雪麗教授認爲台灣對目前上升中的戰爭風險似乎全不在意，並不願思考；其二則是，美軍似乎不願意在北京實力及意志力都更堅強的台海地區與大陸發生衝突。蘇起更強調，台灣不少人過去、甚至現在都還深信不疑的「中共不會打」、「美國必來救」的兩項假定，必須重新評估，如果無視於新常態，繼續把過時的假定作爲向支持者宣傳甚至制定政策的基礎，恐怕不止台海沒有和平，而且台灣也沒有安全。

顯然，台灣內部所正瀰漫的反中民粹與義和團式政治思維及氣息，已經導致兩岸政治對抗僵局更加難解外，台灣大多數人對兩岸關係發展形勢的刻意漠視與誤判結果，可能會造成台海軍事衝突的危機產生，而仰賴美國救援的台灣主流思維恐怕最後終將落空，屆時，台灣能否挺過這場危機將更形艱難！

正如北京社科院台研所所長周志懷在第二屆兩岸智庫學術論壇致詞所言：「未來不能完全排除兩岸失控風險」，爲因應民進黨的可能上台執政，大陸當局應該已經研擬好選前或選後對台攻防的政治策略，台灣方面不應輕忽兩岸情勢變化的微妙發展，誤以爲兩岸和平發展道路不可能產生政治逆轉；對於即將執政的民進黨，此時也不能過度低估大陸方面在選前可能採取的政治施壓手段，甚至誤以爲選後如果民進黨重返執政台海和平就能穩住，大陸就會往民進黨方向靠攏。

兩岸隨時可能失控的風險正逐漸加溫加熱，台灣政黨輪替後的兩岸政治新變局其實更加凶險艱難，任何錯估形勢的政治誤判只會讓兩岸衝突失控的風險更加抬頭，民進黨不能僅靠外力的介入或台美日同盟的政治憑藉，就想化解僵局突破困境，還是必須正視兩岸現實環境，以更加務實的態度來面對中國大陸了。

二〇一五・十・十四

第八章
蔡英文主政前後的兩岸新形勢

面對兩岸冷和平的政治情勢，
如何理性節制雙方的政治民粹反動情緒，並避免政治極端化的可能發展？
這是兩岸主政者都該要有的政治同理心，
如此才有機會化險為夷、化干戈為玉帛，正確解決任何的政治衝突與敵對危機，
並讓兩岸可能的「地動山搖」新變局，保有各讓一步的政治餘地與空間，
更是確保兩岸和平發展政治道路不該產生逆轉的重要選擇。

1 「地動山搖」的兩岸新變局即將攤牌！

兩岸關係發展的新情勢，隨著民進黨重返執政的機會大增而更加詭譎多變，大陸領導人習近平總書記在兩會期間發出「基礎不牢，地動山搖」的政治警告，明顯是衝著不承認、不接受「九二共識」與「一中原則」的民進黨而來；接下來，大陸當局究竟會如何進一步地擬定具體行動來對台灣與民進黨展開政治施壓？民進黨又如何能夠不誤判情勢審愼回應未來的兩岸新變局？這是外界相當關心的政治話題。

二〇一五年是兩岸關係發展的重大政治轉折時期，習近平大力打貪腐與國際上的政治博奕，原本就不希望把台灣問題列上重要或優先處理的政治議程，但二〇一四台灣爆發反服貿的太陽花學運事件與香港占中反政改浪潮，台、港兩地的反中情緒與意識節節高漲，再加上台灣九合一大選民進黨空前勝利，民進黨重返執政只是時間問題，大陸涉台部門對台灣問題與兩岸關係發展，普遍保持著焦慮不安的悲觀看法，他們認爲一旦民進黨拿到中央執政的權力，便會肆無忌憚地推動台獨，甚至還可能暗中串聯港獨、藏獨與疆獨的政治勢力以「反制中國」，其結果不僅會讓習近平的對台和平發展路線遭受重挫，並引發內部質疑的聲浪，也讓美、日等國家可藉機煽動這些反中勢力製造大陸政治動盪、社會不穩定的內訌危機。爲了遏阻這股可能的政治亂流繼續生根茁壯，大陸當局必須採取嚴正的政治立場，爲台灣，爲民進黨劃設政治紅線，甚至直接逼迫民進黨對九二共識與一中原則作政治攤牌！

面對習近平提早出手的政治警告，民進黨不應錯誤解讀這是大陸對台灣二〇一六總統大選的政治操作序曲，以爲大陸領導當局還停留在以前台灣總統大選替國民黨助選的政治思維層次，反而應提早警覺，這是大陸領導當局已設定民進黨即將贏得總統大選重返執政，所必須採取的對台強硬態度與政治基調，才不會誤判情勢而把大陸的政治操作拿來當作選舉攻防的政治議題。

因此，民進黨該正確理解習近平的強硬講話，不會只是政治警告、劃設紅線而已，也不會等到民進黨贏得總統大選重返執政後再做進一步的反制行動，而是會以民進黨已經「提早執政」作爲政治假想敵提前逼迫民進黨直接表態、攤牌。

所以，縱使民進黨已經決定四月份開始進行《兩岸協議監督處理條例》的實質審查，《兩岸服貿協議》也可能可以排入立院議程在六月底之前完成立法，展現民進黨的對中政策善意態度，但這些都已經不是大陸當局所在意的重點了。大陸當局目前最關心的是民進黨對台獨黨綱與九二共識的態度及行動根本問題，準總統參選人蔡英文主席能否提出可以讓大陸接受或忍受的政治立場與具體行動是重要的政治關鍵，否則「地動山搖」的新對台政策便可能要伺機出爐了！

總之，大陸當局對台發展的集體焦慮感已經用習近平「地動山搖」的政治警告來加以展現，兩岸關係和平發展大局可能在得不到蔡英文或民進黨的善意回應下產生政治翻轉，已經到了即將攤牌的箭在弦上階段，台灣下一步究竟該怎麼走？蔡英文主席能否展現政治智慧與格局，正視這個迫切的危機並加以拆解？大家都正以戒慎恐懼的心情摒息以待！

二〇一五・三・六

2 「朱習會」的政治解讀及對民進黨影響

國、共領導人朱立倫與習近平的會見，掀起不少兩岸關係發展的政治揣測與波濤。朱立倫的「兩岸同屬一中」以及「在九二共識基礎上未來台灣有更多的國際發展空間」說法，引發外界許多的政治聯想與批評，民進黨認爲是修正了馬總統歷來對「九二共識、一中各表」的說法，更傾向於北京「一中框架」的內涵，形同支持對岸的主張，在主權立場上明顯退讓，而且將台灣的國際參與限縮在「九二共識」、「一中原則」的框架之下，無疑是進一步壓縮台灣的國際空間。

習近平在會見場合致詞時表示，當前兩岸關係處於新的重要節點上，兩岸關係的路應如何走，是擺在兩岸所有政黨和社會各界面前的重大問題，攸關中華民族和國家未來，也攸關兩岸民族福祉，需要大家認眞思考。他並在閉門會談中提出堅持九二共識、反對台獨的「四項堅持與五點主張」，呼籲國、共兩黨應該「積極探討構建維護兩岸關係和平發展的制度框架」，攜手建設兩岸命運共同體。

看起來，這場倉促成行的「朱習會」因爲沒有政治新亮點，也沒有類似給朱立倫「黃袍加身」的見面禮，倒像是爲了明年台灣可能的再次政黨輪替再舖設一道「政治防火牆」，把國共關係牢牢綁在「兩岸同屬一中」的政治框架當中，以共同對付準備要執政的民進黨。換言之，除了繼續深化九二共識、強化雙方政治互信基礎外，這場「朱習會」雖具有「鞏固」及「傳承」國、共兩黨政治關係的作用，更重要的政治意義與價値，就是雙方共同宣示不論國民黨能否繼續執政，只要民進黨不接受兩岸同屬一中的九二共識「政治現狀」，國、共兩黨的政治關係都將持續且鞏固發展，大陸方面不會因爲民進黨的勝選或重返執政便向民進黨方向加以靠攏。

顯然，朱立倫主席當初會決定登陸並進行「朱習會」，根本不是爲了準備參選總統拉抬其政治聲勢之用，大陸當局也完全不是爲因應二〇一六台灣總統大選的可能變局做影響選舉結果的戰略佈署，而是國、共雙方在共同謀劃並保證合作的前提下，提前因應民進黨即將重返執政的新現實，以確保國民黨能再迅速拿回執政權的機會與空間。

這或許可以解釋朱立倫爲什麼會超越馬英九的說法，公開提出「兩岸同屬一中」，卻不願意再談「一中各表」，甚至在習近平面前大膽爭取「中華民國」事實存在的國際發展空間，反而只能用「在九二共識基礎上，未來台灣有更多的國際發展空間」的說法，來刻意限縮窄化台灣的國際發展空間。顯然，朱立倫的政治算盤，是在民進黨執政後也不會接受九二共識，更不會支持「兩岸同屬一中」的政治前提下，讓台灣走不進國際社會，連帶嚴重衝擊台灣的民生經濟發展，以證明民進黨無法穩定執政贏得民心，自然國民黨便能夠再度拿回執政權。

朱立倫精心布局的「王子復仇記」，是準備四年後東山再起的政治本錢，中國大陸扮演著相當關鍵的角色，沒有它的政治配合與合作保證，朱立倫的重返執政戰略只能功虧一匱，兵敗如山倒！「朱習會」順利舉行與圓滿落幕，其實等於向外界證明國、共聯手對付民進黨的政治態勢已經布局完成，緊接下來的按表操課也只是選擇適當時機出手而已！習近平在會談中提到，雙方可在一個中國原則下進行平等協商，做出合情合理安排，關鍵是要「慮善以動，動惟厥時」。這句引用「尚書」的「考慮妥善而後行動，行動要看準時機」文意用語，恰好就是「朱習會」眞正發展關鍵作用的最佳註解！

朱立倫不是傻瓜，「朱習會」也不會只是白走一遭的政治過場，一切都是爲了民進黨即將重返執政而進行的政治布局，是爲了主張維持兩岸現狀的蔡英文主席而來，就看蔡英文未來如何具體落實維持台海和平、兩岸關係繼續交流發展的政治承諾及保證？接下來，不管選前或選後，蔡英文主席或總統，真正的政治挑戰才要開始而已！

倘若民進黨二〇一六重返執政，受限於國共兩岸同屬一中的政治框架，又因爲不接受九二共識的國共政治基礎而難有國際空間的發展，民進黨究竟該怎麼辦？如果大陸當局認爲執政後的民進黨不接受九二共識或兩岸同屬一中的政治主張就是「破壞現狀」，因而中止兩岸兩會協商並全面終止兩岸所簽訂的所有事務性協議，陸客來台觀光旅遊政策中斷了，台灣的二十二個邦交國逐漸與中國大陸建交，甚至就連兩岸直航包機情形也可能生變……等等，台灣人民眞的因此「有感」並怪罪民進黨執政的慘痛教訓，台灣又該何去何從？民進黨又如何能夠承擔並面對如此可能的「地動山搖」政經效應呢？這就是此次朱習會不能說的秘密，國共兩黨是在共同爲民進黨的重返執政政治現實在量身打造對付民進黨的圍堵策略與方法。

馬政府主政七年多來，兩岸關係和平發展雖有所成，但由於諸多人爲政治操作的失當，造成台灣人民無感的結果，太陽花學運的風起雲湧，九合一大選的國民黨敗亡危機，幾乎都是肇因於此！然而，即將順勢而起重返執政的民進黨，雖然極力支持兩岸繼續交流，努力想維持兩岸現狀，以確保台海和平、經濟繼續繁榮發展！可惜的是，兩岸關係的變化，有很多方面不是操之在己，不是台灣自己就可決定！尤其是當國民黨已經完全向中國大陸靠攏俯首稱臣之際，民進黨如何維持兩岸現狀就眞的是嚴重的問題了！民進黨如何早思執政後兩岸新變局的政經動盪可能危機？如何著手準備因應對岸「讓台灣人民有感」的政治施壓作爲？恐怕才是民進黨應該加以正視的「執政危機」吧！

二〇一五・五・六

3 民、共應進行「兩岸國是問題」論壇協商

民、共關係發展的確是有一道難以跨越的政治鴻溝，表面上是民進黨的台獨黨綱與不接受九二共識「一中原則」的根本性問題，雙方沒有政治共識的基礎，實質上則是雙方政治互信相當薄弱的信心危機問題，所以雙方各自堅持己見、寸土不讓，至今政治對立僵局難解，也很難有所突破。

這是蔡英文倘若贏得總統大選必須面對處理的兩岸問題，也是她如何維持兩岸現狀、穩住台海和平安全的重要課題，否則如果兩岸關係和平發展因為雙方主政者缺乏政治互信與政治共識基礎，便容易產生較大幅度的政治逆轉，台灣人民賴以為計的民生經濟問題就可能會產生嚴重的影響與衝擊。

然而，難道這個民、共對立的政治僵局的責任都在民進黨方面嗎？或許這是大陸涉台系統許多官員與專家學者普遍的看法，但對民進黨就真的公平嗎？大陸當局應該重新檢討評估

甚至反省，「爲什麼這樣無法解決兩岸政治罩門的民進黨還是很可能獲得台灣多數民意的支持而重返執政？」眞的就只是馬英九總統做的很差很爛，所以民進黨撿到便宜重返執政嗎？

這就是兩岸政治問題眞正的癥結點，民進黨以爲馬政府無能主政造成民怨四起、百業蕭條，因此，不用提出民、共對立僵局的解套方案，便可憑藉其他因素而贏得大選，卻忽略了兩岸問題正是民進黨執政後如何「穩定執政」的最關鍵因素之一；中共方面則認爲，民進黨縱使重返執政，倘若沒有搞好兩岸關係，台灣的民生經濟也會搞不好，所以，大陸可以以逸待勞給民進黨政治壓力，最後不是民進黨務實調整對中政策，兩岸關係發展持續往前邁進，就是四或八年後民進黨選輸下台，換另一個政黨執政。

殊不知，這就是今天兩岸關係發展眞正的問題所在，民、共對立的政治僵局因爲彼此錯誤偏差的政治心態，導致雙方政治互信薄弱，雙方都不退讓的政治結果，就會讓雙方的政治敵意螺旋無限上升，打死不退的堅持己見，就會造成「火車對撞」，最後民進黨可能再次淪爲在野黨，大陸也流失了台灣民心的支持，雙方都未蒙其利先受其害，兩岸關係和平發展將因此遭受重創等待重建。

兩岸關係發展至今，民、共雙方都有其該負的政治責任與代價，不是誰該負最大責任或

「發球權到底在誰手上?」的爭議問題,而是彼此雙方有沒有「換位思考」,理解彼此的政治困境來解決問題的誠意;是雙方有沒有「同理心」共同努力克服兩岸問題的政治心態。倘若只是想用政治施壓或對抗的心態來對付對方,其結果,也只是讓兩岸關係發展繼續惡鬥內耗,終歸成爲「大國權力遊戲」的政治工具或籌碼,淪爲雙輸的結果!

因此,爲了修補重建民、共的政治互信,民、共雙方都該各退一步展現解開對立僵局的政治善意,尤其是倘若民進黨贏得總統大選之後,從明年一月十六日勝選到五月二十日蔡英文就職總統期間,雙方都應該放下彼此的政治成見與恩怨,以不附任何政治條件與前提的情況下,各派授權代表共同磋商「兩岸國是問題」,積極面對彼此的政治歧見與難題,共同營造兩岸政治和解的新氛圍及新契機,以面對新時代的兩岸關係發展新變局。

兩岸關係和平發展是民進黨必須穩定執政的政治課題,同時也是大陸方面展現「兩岸一家親」政治格局與視野的重要政治指標,這是台灣多數民意都想看看雙方主政者有沒有決心與誠意共同面對未來兩岸關係發展的關鍵時刻,是該雙方各退一步共同解決難題的政治機遇,這才是兩岸應該共同努力的政治方向,期待雙方有爲者的能人志士都能共創這個新時代的來臨。

二〇一五・十・二十七

4 馬習會後的兩岸新變局與新希望

馬習會是一件大事，是兩岸關係和平發展的新政治里程碑，也是台灣即將政黨輪替、政治變天前夕的一場政治豪賭，儘管馬英九的政治表現差強人意，對「簡稱」一中原則的政治處理手法，讓「一中各表」消失並引發台灣內部的政治反彈情緒，但卻改變不了兩岸領導人跨越六十六年來政治糾葛、首次會面所激起的政治浪花，兩岸關係終究必須走上承先啓後新政治變局，看到明天的方向與道路，同時也看到台灣未來所面臨的嚴酷政經社會環境的「兩岸問題」政治挑戰將更加艱辛難測。

馬習會與朱立倫訪美行的加乘作用，對蔡英文的勝選氣勢的確構成衝擊及威脅，但不至於翻轉大勢底定的選情，主要是因爲馬英九在會中相當突兀的一中原則政治宣示讓一中各表與中華民國消失不見，幾乎是洪秀柱「一中同表」的政治翻版，讓泛藍選民的歸隊團結造成疑慮，同時也讓中間選民的被統一政治疑慮加深加重，對國民黨低迷不振的選情絲毫沒有正面幫助，白白浪費了馬習會可替國民黨拉抬選情的政治作用與效果，這是馬英九的政治敗筆，也是國民黨再度敗給共產黨的政治鐵證。

對於蔡英文與民進黨而言，「批馬尊習」的政治操作與策略，展現蔡英文對中政策的政治高度與善意格局，既保住了台灣民主與自由的政治底限，也讓未來民、共關係的發展保留更加寬廣的政治彈性處理空間，未來倘若執政後必須積極處理九二共識與一中原則的替代方案來與對岸接軌，以確保兩岸和平發展道路的不可逆轉，兩岸關係進階到新的政治局面。

在台灣內部，從各項民調結果來看，對馬習會滿意或不滿意的比例幾乎不分軒輊平分秋色，但對兩岸領導人會面的支持度則有近六到七成的結果。顯示出，台灣多數民眾期待對兩岸關係和平發展有正面幫助的兩岸領導人會面能夠常態化發展，但對於即將卸任總統職位的馬英九進行馬習會則呈現仁智互見的政治爭議，讓馬習會原先所想創造的政治機遇與空間大打折扣，這是因爲馬英九的民意支持度過低所致，並非因爲即將卸任或大選敏感時機所造成。

總之，關鍵時刻的馬習會，儘管政治意義與歷史價值非常重要，讓人對未來兩岸關係的發展充滿更多的政治期待與想像，但因爲馬英九的自戀性格造成或多或少的傷害；同時民進黨展現「反馬不反中」的政治新思維格局，則讓人對蔡英文未來執政後如何維持兩岸現況？

如何穩定台海和平？有了更多的政治期待與希望，這是民、共政治關係可以打破僵局，尋求新共識基礎的政治契機，也是未來兩岸關係發展必須解決克服的政治難題。蔡英文如何展現開放務實的對中關係高度與智慧？如何爲兩岸人民的福祉帶來雙贏互利的新希望？這就是蔡英文與民進黨必須嚴肅思考的政治課題，同時，也是大陸當局必須深刻體會並掌握台灣民心發展應該共同努力創造的政治機遇！

馬習會不是政治突襲，也不是對蔡英文的政治逆襲，兩岸領導人會面的門終於開了，未來兩岸關係和平發展的政治道路只能往前邁進，民進黨是該好好想想重返執政後的兩岸新變局，到底該如何「對接」九二共識與一中原則的政治基礎？大陸當局同時也該展現「大國風範」，對台灣的新政局提供新的政治路徑來迎接新時代的來臨，各讓一步，一切就會海闊天空，兩岸終將撥雲見日，看見燦爛的明天。

二〇一五・十一・十一

5 蔡英文的九二會談歷史事實說的政治意涵

為選後兩岸政治溝通做準備的蔡英文，最近化被動為主動，調整閃躲的態度，主動出擊，在與七大工商團體會面座談時，特別強調「我們（兩岸）現在面臨的立場差異不是不能處理，台灣民意與北京壓力之間必須取得平衡，民進黨一旦執政，將與國際、對岸好好溝通，不挑釁也不會有意外，持續維持兩岸關係穩定」，也在第一次總統大選電視政見會中，主動強調「民進黨沒有否認一九九二年兩岸會談的歷史事實，也認同當年雙方都秉持互相諒解精神，求同存異，希望兩岸關係往前推進的這一段協商溝通經過和事實。這也是兩岸交流累積成果的一部分。……，所以，我認為不需要為這個議題繼續內耗，應回歸九二會談的基本事實和求同存異的精神。」

顯然蔡英文的說法是在積極回應「馬習會」中，國台辦主任張志軍在會後公開轉述習近平總書記在閉門會議的一段話，「九二共識是定海神針，只要承認九二共識的歷史事實，認同其核心意涵，我們都願意同其交往；對任何分裂國家的行為，兩岸同胞決不會答應，在維護國家主權和領土完整這一原則問題上，我們的意識堅如磐石，態度始終如一」，改變蔡在上屆總統大選前曾直言「兩岸並不存在九二共識，當然沒有接不接受、承不承認九二共識的問題」的說法，從「拒絕承認」有所謂的九二共識立場，調整為「沒有否認」九二年兩岸會談的歷史事實，遣詞用字雖與習近平的說法還有一段差距與距離，但至少已經展現了蔡英文務實且善意調整立場接受「九二會談的歷史事實」。

因此，目前國、民、共三方或兩岸之間的主要差異點，則是在於「認同其核心意涵」的一中問題上，大陸是「一中原則」，蔡英文是「求同存異」，國民黨則是「一中各表」，未來兩岸關係的發展關鍵與政治變數也在於此，可能必須在「擱置爭議」的現實基礎上，藉由兩岸政治談判的開展才能加以突破或解決，這是兩岸領導人與各大政黨及人民政治判斷與選擇上，必須共同面對的關鍵問題。

兩岸關係的發展是兩岸政治發展的動態縮影，沒有解不開的政治死結，也沒有化解不了的政治恩怨與仇恨，但重在領導人的政治格局及智慧的展現，與兩岸民心的向背發展，不是一蹴可幾的政治變動或政黨和解便可消弭爭議、化異求同，需要雙方足夠的耐心與同理心換位思考，不斷營造氛圍、累積共識、創造機遇才能水到渠成。

因此，「鞏固」並「深化」兩岸關係發展的政治共識基礎，拉近兩岸生活習性與文明價值觀的政治認同距離，以「兩岸一家親」的融合彼此差距與價值觀，是最重要的關鍵。大陸當局如果能夠誠心面對兩岸人民與社會的根本差異，積極營造對台的善意環境與政治空間，讓台灣的民心與未來的朝野政黨，都能充分體認到大陸的努力與用心，並願意往更積極正面的方向配合互動，則兩岸未來的可能融合便不會成爲眞正的問題！

看到蔡英文對「九二問題」的政治轉變，看到兩岸都能更加實事求是、化異求同共創兩岸關係發展的大局，這是好的開端，也希望雙方都能以此開放且務實的態度共同面對台灣大選後的兩岸新變局，讓兩岸的交流合作、互動往來與和平穩定能「繼往開來」，共同攜手打造兩岸「心靈契合」的大未來。

二〇一五・十二・二十八

6 廢國父遺像的政治敗筆！

針對民進黨立委最近推動的轉型正義諸多法案，不當黨產問題雖然引發藍綠對抗爭議，但贏得外界多數贊同的掌聲，主要的原因是「社會高度的共識」；但廢除國父遺像以及行禮等儀式問題，卻是台灣社會高度爭議的政治議題，或許可以因此激發外界熱烈討論孫中山是不是中華民國的國父問題？可是卻同時牽動「去中華民國化」的意識型態政治爭議，讓民進黨繼續背負「逢中必反」、搞台獨政治疑慮，製造社會分裂的政治衝擊，這對轉型正義的推動無疑是「自扯後腿」的嚴重打擊。

當選總統還未上任就職的蔡英文黨主席，在中常會正式裁示，民進黨做爲國會最大黨，對於議題的決定，也應該要有整體戰略思維，對於政治敏感度高或重大政策議題，應該透過黨團會議或者內部政策機制，讓更多人一起討論，設定完整作法和步調，讓外界看見黨團整體的問政節奏感，希望立院黨團能夠建立政策的內部溝通機制。

顯然，蔡英文並不認同支持立委高志鵬廢國父遺像的暴衝修法行動，對於立委王定宇提案要求把鄭南榕殉難日列爲言論自由國定假日的作法也有所保留，畢竟這些個別立委的修法或提案，或許對個別立委可以鞏固群眾支持力量，但卻可能讓民進黨整體的「完全執政」形象遭受重大衝擊，處理稍一不慎更會掀起統獨論戰的意識型態政治爭議，既不利於民進黨推動轉型正義的政治正當性，恐怕也會讓民進黨深陷政治爭議話題，而不利於施政步調與節奏。因此，必須有立院黨團建立政策的內部溝通機制的整體戰略思維，才不會因爲個別立委的政治暴衝或民粹立法，而傷害民進黨好不容易累積而成的「執政形象」。

作爲國會最大黨的民進黨，既然當家執政就要有當家的樣子與責任，不能再像以前恣意的挑動統獨爭議的敏感政治神經，更不能挾民意以自重而任意提案立法，是應該擔起社會和解及解決國家重大政經社會困境的重責大任！

廢除國父遺像問題的本身就不只是去除個人崇拜與封建圖騰的政治問題，它眞正所突顯的問題就是「與中華民國相連結」的國家定位爭議問題，或許與轉型正義議題有部分牽扯，但本質上的政治核心帶有「去中國化」的政治意涵，是與蔡英文「維持中華民國憲政體制推動兩岸關係發展」的政治承諾捆綁一起的兩岸關係發展根本問題。是以，民進黨立委缺乏整體戰略思維的草率修法舉動，或許滿足了少數黨內獨派或基本教義派的政治需要及利益，卻無端引發「司馬昭之心」的政治指責與批評，增添了蔡英文與大陸好好溝通的政治障礙與負面能量，讓蔡英文維持兩岸現狀的政治努力增加更難加以承載的談判壓力，這難道是件好事嗎？

二〇一六・二・二十五

7 兩岸冷和平形勢下的民、共關係？

兩岸關係發展是一場拔河賽，對手愈強大，就不能硬碰硬，需要的是軟實力、巧實力來借力使力，逐步化解敵強我弱的政治態勢。這也就是爲什麼在大陸正緊縮對台政治發展空間的嚴峻政治形勢下，台灣仍然必須正視兩岸交流，甚至是民、共交流的政治複雜問題，而不是恣意升高雙方政治對立的情緒，加深雙方的政治衝突危機，讓兩岸關係發展陷入一場無可挽回的政治對撞，甚至是劍拔弩張、硝煙四起的軍事衝突危機。

兩岸政治新形勢的「冷和平」關係很可能即將發生，兩岸交流發展的局面可能會降溫、會冷卻，也可能產生大幅度逆轉的情勢，雖無法預期會壞到什麼樣的地步，但我們可能要做比較壞的心理準備。希望不會發生，如果眞的發生，也要有因應的策略與方法，不要到時候手忙腳亂、倉皇以對，讓人民對新政府上台的執政信心遭受重大的打擊。

民、共交流目前是零星分散且低密度的交流發展層次，再壞也壞不到那裡去！倘若蔡英文的五二〇就職演說內容能在「一中問題」上得到大陸方面的諒解或忍受，則民、共交流的政治發展層次就能加以提升，兩岸交流、國會交流、城市交流、智庫交流與政府交流，甚至是政黨交流的情況都可能跟著展開或加溫加熱，這是可以預期的發展趨勢與結果。

可是，目前看起來，似乎民、共雙方還沒有找到可以對接的政治共識基礎，「一中問題」的兩岸政治爭議與障礙看起來也很難獲得解決，因此民、共交流的政治發展空間自然也會遭受更大的壓縮。是否連目前已經開始的低密度交流層次都可能更降溫、冷卻，或者是被全面封殺呢？以大陸兩會期間令人不寒而慄的保守對台言論來看，對岸似乎正在醞釀蔡英文倘若不接受九二共識、不認同一中原則就是破壞兩岸現狀的結果，一旦逼不成，就將被迫有所反制，目的就是打算以蔡英文破壞兩岸現狀作爲反制的正當化理由或借口。如果事實情況果眞如此，那麼還有什麼民、共交流可言？

原本個人期待兩岸關係能夠在「模糊一中」的特殊政治關係下往前發展邁進，民進黨藉由城市交流與智庫交流的方式，拉近雙方彼此的政治距離與差距，逐漸強化政治互信與往來互動的情感，爲兩岸的未來發展找到新的政治動能與新的政治共識基礎。但如今，由於大陸方面的對台政治緊縮加大力度，「模糊一中」的機會受到壓制，兩岸交流往來熱絡的情景可能不再，根本難以期待大陸方面會接受民進黨可能發展的城市交流或智庫交流，或縱使可以繼續發展交流，也勢必會降低交流的互動往來層次與層級。這對民、共交流而言，當然是降溫冷卻，當然是負面發展的政治結果，不僅民、共之間的政治互信難以建立、增強，兩岸關係正常發展的局面也勢必翻轉。

因此，這場兩岸政治博弈的拔河競賽，台灣的處境是雪上加霜般的嚴峻，我們必須認清政治形勢，在兩岸即將發生的對立政治僵局中找到出路，縱使未來的兩岸關係發展的道路選擇只有「鬥」與「和」兩條路徑，我們也只能往「和」的方向去找政治解套的機會與空間。

蔡英文新總統選後要與國際及大陸好好溝通的政治方向是正確的，「選對人、做對事」是兩岸溝通唯一方法，目前內閣人事正在徵詢處理過程，蔡英文應該以兩岸溝通為目標，選擇可以與大陸進行溝通的務實交流派政治菁英，擔任未來陸委會與海基會的首長人選，積極與大陸方面在五二〇以前進行緊密的政治溝通，尤其對「一中問題」的處理，如何與對岸尋求雙方可以「退讓」的替代方案，讓緊縮且對立的僵局可以獲得鬆弛或諒解的機會，這才能讓雙方即將對撞的政治火車踩住煞車或掉頭回轉，兩岸關係和平發展的政治現狀才有可能加以確保或維持。

兩岸關係發展正面臨政治轉折關卡，雙方唯有各退一步才有「讓」的政治機會與空間，兩岸主政者應該都不希望看到兩岸和平發展的政治現狀遭到破壞或產生政治逆轉的情況。兩岸交流也好，民、共交流也罷，大家都期待是正面相向的發展，而不是冷卻降溫的翻轉。我們衷心期盼兩岸主政者都能以人民福祉爲出發點，共同努力創造兩岸互利共榮的發展局面，用最大的善意與誠來化解彼此的歧見、對立及僵局，用同理心來消除雙方的政治問題與障礙，這才是兩岸的交流與合作該看到的局面與前景。

二〇一六·四·六

8 肯亞事件暴露了民進黨對中政治思維的弱點

從最近肯亞的台灣電信詐騙嫌犯遣返爭議，到比利時布魯賽爾舉行的ＯＥＣＤ鋼鐵委員會議台灣代表團被要求離場的狀況，正顯示出兩岸關係發展在台灣政權變動交接之際面臨相當嚴峻的政治考驗，脆弱的兩岸政治互信遭受重大的挑戰，兩岸能否在五二〇之後維持和平穩定的現狀？不僅僅是蔡英文的就職演說內容能否讓中國大陸接受或忍受的問題，更重要的是台灣內部的政治民粹與部分反中的政治力量是否能夠有效加以節制、並適時導正爲和中或友中的新政治氛圍問題，這才是兩岸關係發展意外事件頻傳，必須嚴肅思考的關鍵所在。

當然，這些事件的發生或許是擦槍走火的意外演出，也或許是對即將上台就職的蔡英文政治示警，但不論其眞正的背景因素爲何？主要還是在於蔡英文原本在選前承諾要在選後與大陸好好溝通的事情並沒有發生，大陸當局在等待落空後似有若無的間接提醒，而台灣內部卻又因爲民進黨立委的民粹式反應操作過當，才導致好像民進黨在保護電信詐騙罪犯的結果與政治印象，讓蔡英文政府還未上台便蒙上了爲罪犯脫罪的政治陰影，兩岸關係發展也產生急速冷卻的翻轉現象。

倘若民進黨能夠正視台灣的政治現實環境，應該相當清楚弱國無外交的困境，肯亞遣返事件就不會畫虎不成反類犬造成進退兩難的局面，最後只能回到原點由兩岸協商模式與共同打擊犯罪的司法互助協議規定來解決問題，其結果剛好就突顯出兩岸關係沒有政治互信與共識基礎，就沒有兩岸維持現狀的政治結果，就沒有解決雙方政治衝突事件的合理途徑，更不要奢談台灣民眾的人身安全保障與基本人權的維護。這是民進黨必須記取警惕的重要教訓，更是蔡英文處理五二〇就職演說內容必須思慮周全的道理所在，兩岸關係沒有好好溝通就沒有兩岸交流、互動與合作，台灣人民的身體自由與財產安全保障就不容易加以落實。

總之，兩岸關係發展錯綜複雜經緯萬端，台灣如何與中國大陸進行有效溝通並藉此建立政治互信關係的積累？是重中之重的政治要務，千萬不要自以爲是閉門造車，恣意攪動兩岸的政治敏感神經，讓原本可以好好處理解決的肯亞遣返事件等問題轉化成兩岸政治衝突的導火線，最後卻造成更難收拾的「詐騙王國」烙印，嚴重損及台灣的政治形象，既賠了夫人又折了不該折的兵，只能後悔莫及！

二〇一六・四・二十二

9 「文化台獨」的帽子真的太過沈重了！

據媒體報導，針對近來民進黨去中國化動作不斷，大陸方面正醞釀推出反制文化台獨的相關法案，並擬透過禁止提案綠委入境大陸、挖台灣邦交國等方式予以懲罰。有涉台人士指稱，蔡英文雖不像扁政府公然鼓吹公投制憲法理台獨，但在陸方看來，課綱調整、去孫中山、促轉條例等一連串行爲，仍是蔡英文有意放任的去中國化行爲。

無獨有偶，與上述媒體報導時間的同時，國民黨主席洪秀柱也在中常會中重批民進黨。她表示，從目前任命的文化部長、教育部長及民進黨內的一些發言表現可以知道，民進黨會繼續推動去中國化與文化台獨的政策，到時候不只兩岸沒有共同的政治基礎，而且連文化認同的撕裂也會更爲嚴重，這會讓兩岸關係的基礎從根本上分解，讓兩岸形成更嚴重敵我矛盾的對抗，對台灣來講是絕對不利的。

顯然，國、共之間不約而同的隔海唱和，就是在對民進黨畫政治紅線，不僅不能搞法理台獨，也不能推動任何去中國化的形式台獨，尤其是撕裂文化認同的文化台獨，絕對不能夠加以認同；大陸方面有可能用立法方式來加以有效遏止或反制，以避免他們的兩岸關係政治共同基礎遭到嚴重的破壞。

其實，針對部分綠委搞所謂的廢國父遺像等去中國化的主張或提案，蔡英文的作法是出面制止踩煞車，並未有意放任這種天女散花式的立法提案，對課綱調整的爭議，則是政治認知差異與史觀理解詮釋的不同所致，根本與文化台獨沒有牽連或關係，至於黨產處理的轉型正義立法問題，更是與去中國化問題八竿子打不到一起，勉強與兩岸關係問題扯上邊，恐怕就是有人故意在扭曲事實惡意栽贓，對民進黨與蔡英文在玩扣帽子的政治遊戲，爲誰在破壞兩岸現狀找理由與藉口。

長期以來，台灣內部推動本土化的過程，的確有些時候會觸及去中國化的意識型態爭議問題，但是否就必然扯上文化台獨的問題？則必須審愼思考與嚴肅看待，才不至於因爲過度解讀而造成因噎廢食的政治結果。兩岸當局更應該用相互尊重與理解的態度來正確看待相關的問題或爭議，以免因爲過度反應或太過民粹化的政治操作，而傷害兩岸人民的感情與相互認同感，讓兩岸關係發展產生擦槍走火的意外傷害。例如，中國史觀或台灣史觀的課綱爭議問題，原本就是不同治權的政治實體、政府或國家會有不同的政治立場與認知差距，更何況縱使是一個國家內部因爲政黨輪替，也可能得出不同的史觀解讀差異，這是相當正常的政治現象，根本不需要動輒用文化台獨的政治圖騰來加以界定，製造兩岸不必要的對抗與爭議。

兩岸的文化、歷史、血源關係，是沒有爭議的客觀事實，無論是中國史觀或台灣史觀的觀點都無法抹滅其事實，但兩岸關係發展是要合或分則是政治現實，既要尊重住民自決的政治選擇，也要看雙方主客觀政治現實環境與利益的衡量思考，不能單從兩岸的歷史、文化的觀點去做處理。

因此，兩岸主政當局縱使對台灣的歷史、文化或教育內容存有不同的認知差距與價值判斷，也該有互相包容尊重的理解態度，台灣方面必須衡量是否會因此造成大陸的誤解或過度解讀？大陸方面也應顧及倘若過度反應是否會造成台灣人民對大陸認同感的疏離與傷害？才不致於因此產生兩岸更多的敵意對抗或傷害，拉大雙方的政治認同距離與隔閡！畢竟，兩岸關係發展的最終選擇與決定，不會是兩岸歷史、文化的淵源究竟是如何的問題，也不會跟台灣主政者是否推動去中國化的問題有直接的關連，更不會因爲大陸有是否去立法反制或遏止有必然的聯結，關鍵還是在於民心的認同與向背，是中國大陸的崛起與發展能否有效吸引台灣民衆的「心」向其靠攏的問題，這不是情感因素所決定，也不應該是非和平手段可以處理解決，要看的是雙方的政經實力差距與文化、社會的融合程度，兩岸的文明價值觀及生活習性的拉近程度究竟如何的問題。

站在兩岸和平發展大局的長遠角度來看，民進黨是該更加審慎處理並有效控管其黨籍立委與執政團隊對於與兩岸關係發展有關的政治主張與論述，避免有心人刻意挑撥分化及見縫插針，在推動本土化過程也要注意避免逢中必反的意識型態在作祟，容易引發去中國化或推動文化台獨的政治聯想，既可能引發台灣內部難以收拾處理的政治爭議及風暴，也造成大陸方面可能的過度解讀或反應，讓兩岸關係發展因此產生難以預料的負面影響。富有兩岸事務豐富主政經驗與具有國際視野格局的蔡英文準總統，也該展現更好的領導能力，來處理解決黨內從政同志與政府部門某些具濃厚挑釁意味的脫軌發言或主張，千萬不要再有像民進黨自陷兩岸困境的「林中森條款」立法失控情形再度發生，這才是眞正能夠展現維持兩岸現狀政治能力的蔡英文必須做到的事。

對於大陸當局而言，其實該更貼近地氣理解台灣民主化社會的多元民意政治現象，不要動輒用「任何形式的台獨」來看待台灣社會的民心與民意的變化，也不要對民進黨內部某些個別立委或行政官員屬個人行爲的少數激進或民粹政治動作，看作是蔡英文或民進黨集體的政治放任行爲，用文化台獨、柔性台獨、隱性台獨等稱謂來定性、定調民進黨的政治立場與主張，甚至還想用大陸內部的立法行動來有效反制或遏止，可能因此造成台灣內部「全民皆獨」的政治結果，讓兩岸關係和平發展產生致命且無法挽回的政治後果。

二〇一六・五・六

10 蔡英文五二〇演說的政治虛實

兩岸關係和平發展大局是得來不易的政治基礎，不應該因爲台灣內部的政黨輪替而產生動搖或翻轉，蔡英文的五二〇就職演說是個政治機會，也是新政治挑戰的開始，應該把握住兩岸互動往來合作的良善政治氛圍，創造繼往開來的政治契機，找到雙方可以求同存異、相互諒解的替代方案，共同解開兩岸對立的僵局或障礙，或許雙方都應換位思考各讓一步尋求可以對接的政治妥協主張，讓兩岸關係發展可以爲繼，千萬不要因爲各自的政治民粹情緒而導致兩岸現狀的破壞，造成更難收拾且難以挽回的局面。

事實上，以目前兩岸雙方的政治認同落差與政治價值觀的分歧，要想一步到位解決民、共之間的政治互信關係與歧見，絕對是相當不容易處理的政治難題，九二共識與一中問題的國、共共同政治基礎也很難在短時間內獲得民進黨與蔡英文政府的認同與接受，這是兩岸主政當局必須理解並掌握的政治現狀，既難有政治期待可能性，也不要有過度樂觀的幻想。因此，如何用同理心來看待雙方彼此的政治困境，尋求雙方可以各自解套的過渡替代方案？讓兩岸關係不會發生政治意外與翻轉局面，應該是五二〇前後雙方必須努力處理的政治轉寰空間，而非以各自的普遍民意壓迫對方只能就範或屈從。

再兩個月左右是民進黨的全代會召開時間，民進黨是該展現執政風範好好處理兩岸關係發展的執政障礙問題，凍獨是個政治選項，通過中華民國決議文也是可能的方法，或者提出兩岸和平發展政治綱領也應該是可以考慮的方向，這對民進黨政府能否穩定台海和平現狀，全力拚經濟的執政目標絕對有其正面的積極性幫助，是該好好考慮採行的執政之路選擇方案。

同樣的情況，大陸當局也該有大國風範，可以從兩岸的城市交流、智庫交流與人才交流方面，創造拉近民、共政治距離，積累雙方政治互信基礎的方向，去化解彼此的政治落差及歧見，爲兩岸共同的政治基礎建立共識，營造並更加包容、尊重的主客觀環境與良善政治氛圍，這才是兩岸關係該有的政治發展氣度與格局。倘若如此作爲，又何愁兩岸關係沒有水到渠成的政治融合機會呢？

這就是兩岸主政當局該有的政治心態與思維，五二〇的就職演說或許不盡如人意，但卻是個很好的政治開端，是需要雙方在相互理解與尊重的政治前提下來處理民、共關係的可能發展與變局，最要避免的是政治極端化的解讀，造成兩岸關係發展因此難以爲繼的政治後果。

二〇一六・五・十七

11 兩岸如何共同努力化解政治對立僵局？

在大陸台商中秋聯誼餐會上表示，追求兩岸和平決心沒有動搖的蔡英文總統，其實是想盡辦法想要讓兩岸關係發展回到正常的狀態，她相當清楚這是台灣目前普遍民意最大的政治共識，也是確保兩岸和平發展大局不要產生變化或逆轉的唯一政治途徑，但是，同樣地，如果要她違反民主原則與普遍民意來接受大陸所堅持的九二共識與兩岸同屬一個中國核心意涵，縱使因此可以讓兩岸溝通聯繫機制恢復，兩岸關係發展也因而可以繼續互動往來交流，甚至進展爲合作互利的共榮，她也幾乎不大可能加以接受！這就是現階段兩岸關係無解僵局的客觀現實，除非大陸方面對目前陷入政治僵局的兩岸政策方向有所鬆動或調整。

大陸方面當然也有普遍民意，更有內部維穩的政治壓力與需求，一個中國原則就是大陸領導者不能有所退讓或鬆動的民族大義，對於台灣問題可以態度友善、方法靈活，但是立場則必須堅持到底，無論其內部權力穩不穩固，十九大結果又是如何如何？做爲大陸的領導階層縱使相當清楚台灣內部的民意動向與政治變化趨勢，也還是只能堅持在政治正確的道路上站穩立場，反對台獨與堅持一中的對台思維及決策根本也不可能產生任何的政治動搖！

這就是兩岸關係發展的政治宿命，是兩岸人民千絲萬縷關係也難解的政治習題！蔡英文選上總統全面執政也難以跨越這道似遠若近的兩岸政治鴻溝，不挑釁、沒有意外、好好溝通的政治方法縱使真的做滿做足，大陸方面也不可能加以接受認同，只是可以讓蔡英文政府的台灣參與國際組織空間的範圍再加大一點而以，反過來，從台灣民眾的觀點來看，也不會感覺蔡英文總統做得多好！

這也是台灣內部的獨派或基本教義派總要沒事就要對蔡總統大喊大叫的原因，有時要求換閣揆，內閣進行大幅改組，換掉那些所謂的沒有核心價值與中心思想的老舊首長及閣員，有時則更進一步要求蔡總統只做四年一任的總統，讓他們心中最屬意的台派鬥士繼任總統，把台灣改造成正常的國家。

殊不知，台灣的多數民意要的是能夠維持台海和平穩定現狀的政治領袖來當總統，不是要一個每天喊台獨的政治人物來領導台灣，李登輝前總統任內不敢喊台獨，陳水扁前總統在位時說台獨做不到就是做不到，難道還能祈求蔡英文或賴清德等人在位子上達成目標嗎？難道這不是他們這些所謂「台派人士」自欺欺人或者別有用心嗎？

蔡英文政府的用人是有很多問題，但請不要用「台獨」來做衡量用人、親痛仇快的政治標準，否則，那就是轉移焦點讓原本就未必適任的內閣首長掩蓋掉了他們無能的領導作爲而繼續忝居官位，應該回到正常的政治標準來檢驗、考驗他們是否適任，這才是民主國家該有的政治責任與道理，綠營大老們是該放下政治成見放手讓這些人受到眞正的磨練與考驗，不適任的就淘汰掉，這才是人民信賴蔡英文做總統所該有的政治體現吧！

或許，蔡英文總統認爲兩岸問題不是大問題，可以等到適當時間再來處理面對，也或許，蔡總統認爲五二〇答卷已經過關，大陸方面雖不滿意但也只能加以忍受，只要美、日站在台灣這邊，台灣的安全就能得到憑藉與依靠。然而，兩岸問題雖未必能解但要主動積極面對，這是主政者該有的政治心態與格局，海基會董事長田弘茂的出線或許也因此而來，但根本的問題還是蔡總統對田的掌握與了解，他眞的可以與大陸進行政治溝通與對話嗎？尤其是大陸方面講明了兩岸的政治癥結就是一中問題，不是人選問題，田的政治價值與作用似乎很難開啓兩岸政治僵局的解套，此時用他難道就不是只作爲對內交待之用嗎？看起來，蔡總統不是政治誤判就是故意做政治操作，既不是想爲兩岸關係做政治解套，也不會是眞的相信兩岸的政治溝通因此可以順利進行，充其量，就只是以拖待變吧！

是以，追求兩岸和平的決心沒有動搖，縱使是蔡總統對台商的重要政治宣示，也必然會被解讀爲沒有誠意化解兩岸政治僵局的口惠實不至政治藉口，最重要的是有沒有展現眞正的政治誠意與善意，蔡總統是否應該愼重考慮在國慶演說當中發表願意就一中問題與大陸展開協商與對話？就兩岸關係的政治特殊連結是否有一個比較明確且具體的定性主張可以提出？或許，這是兩岸關係發展可以回到正常軌道運行的政治轉機也說不定！當然，大陸方面是否願意順勢接招或再設定兩岸協商的政治前提？最後到底會有何演變與發展？就看雙方是否眞的有談的誠意了！

二〇一六・九・十四

陳淞山的兩岸觀察 2012-2016 之❷

解？套？

民進黨兩岸政策的時代挑戰

作　　者：陳淞山
主　　編：陳嘉爵
封面設計：阿母河工作室
電腦排版：中原造像股份有限公司

發 行 人：洪美華
責任編輯：何　喬、陳昕儀
編 輯 部：莊佩璇
行 銷 部：黃麗珍
讀者服務：洪美月、陳候光、巫毓麗

出　　版：幸福綠光股份有限公司
地　　址：台北市杭州南路一段63號9樓
電　　話：(02)2392-5338
傳　　真：(02)2392-5380
網　　址：www.thirdnature.com.tw
信　　箱：reader@thirdnature.com.tw

印　　製：中原造像股份有限公司
初　　版：2016年10月
郵撥帳號：50130123 幸福綠光股份有限公司
定　　價：新台幣370元（平裝）

ISBN 978-957-696-837-2

總經銷：聯合發行股份有限公司
新北市新店區寶橋路235巷6弄6號2樓
電話：(02)29178022　傳真：(02)29156275

國家圖書館出版品預行編目資料

解？套？民進黨兩岸政策的時代挑戰／
陳淞山著. -- 初版. --
臺北市：幸福綠光，2016.10
面；　公分
ISBN 978-957-696-837-2（平裝）

1. 民主進步黨　2. 兩岸關係

573.09　　　105017126